温州市文史研究馆馆刊

Wenzhou Culture & History

ISSUE/ 01 第一集

温州市文史研究馆 编

文匯出版社

发刊词

文以载道，知古鉴今。温州市文史研究馆主办的《温州市文史研究馆馆刊》经多方筹划终于面世了。

二〇二〇年五月十三日，温州市文史研究馆正式挂牌成立。这是温州市委、市政府高度重视地方文史工作，坚定道路自信、理论自信、制度自信、文化自信的重大举措。

初心厚植于心，使命躬身于行。作为市政府专门设立的学术性、咨询性议事协调机构，温州市文史研究馆将立足传统，面向未来，守正创新，认真履责，把统战性、荣誉性、咨询性、学术性、引领性真正落到实处。在今后的工作中，突出人才集聚优势，拓展学术研究视野，打造创新品牌高地，发挥建言资政、团结育人的作用，应势而动，不辱使命。

馆刊是一座小小的百花园，它是传播文化的平台，交流思想的空间，争鸣学术的园地。我们将本着对历史负责、对社会负责的精神，重视文史、研究文史、借鉴文史，讲好温州历史故事，讲好温州文化故事，讲好温州发展故事。倡导平实的学风、纯正的文风，刊发有新意、有高度的文章，努力打造特色鲜明、全省一流、全国知名的展示东瓯优秀文史成果的窗口。

在此创刊之际，我们诚挚邀请文史界同仁加入我们的行列，为温州文史研究续写新的篇章！

温州市文史研究馆

二〇二〇年十一月

目录

CONTENTS

专题

前辈风雅

东瓯史谭

文化纵横

艺术天地

纪念叶适诞辰八百七十周年

二〇二〇年十月十五日，温州市文史研究馆和温州市社会科学界联合会在市人民大会堂举办叶适诞辰八百七十周年纪念座谈会，省市有关永嘉学派的专家代表，市直属单位和在温部分高校负责人，温籍省文史研究馆馆员，温州市文史研究馆荣誉馆员、馆员，市政协文史专家代表，各县（市、区）政协文史委负责人等七十来人与会。座谈会畅谈“事功之学”，既是为纪念这位震古烁今的温州乡贤，深化永嘉学派研究，也是为激扬新时代温州人精神，进一步提供推动温州新一轮发展的文化动力。

温州市政协副主席、温州市文史研究馆馆长徐有平主持会议。

温州市政协主席陈作荣指出，文化是解读温州发展奥妙的根，也是探求温州发展规律的源，是温州发展的“软实力”，也是温州发展的“硬实力”。要从战略全局的高度，充分认识文化对温州经济社会发展的重要推动作用。要紧抓“务实”“事功”“富民”这三大关键词，精准提炼和丰富永嘉学派的思想内涵与核心价值，提升文化对我市经济社会发展的支撑和推动作用。要以务实创新的精神，通过扬弃的方法、实效的角度、开放的理念，不断深化新时代永嘉学派的学术研究和应用研究，把永嘉学派推向全国、推向世界，在更高层面、更广范围打响温州文化品牌。

中共温州市委常委、宣传部部长胡剑谨在致辞中说，以叶适为代表的永嘉学派所主张的事功思想是温州思想文化的主脉，滋育了温州的凝聚力，激发了温州的创造力，厚植了温州的竞争力，温州人也铸就了举世瞩目的“温州模式”。研究、解读和继承叶适与永嘉学派的学术思想，要深入挖掘永嘉学派的深厚内涵，并在新时期不断加以丰富、发展和弘扬，切实发挥好温州独特的文化优势，增强文化引领温州自信，为温州续写新时代创新史，当好“重要窗口”的建设者、维护者、展示者，提供源源不断的精神动力和文化支撑。

座谈会邀请浙江省社会科学院文化研究所副所长、浙江省儒学学会副会长王宇，温州文史研究馆荣誉馆员、《汉语大词典》新版编委、第三册主编陈增杰，温州大学马克思主义学院副院长孙邦金、温州大学马克思学院思政系主任孙金波，温州市文史研究馆馆员、温州大学温州学研究所所长洪振宁，温州市委政策研究室综合处处长倪考梦等六位专家，从不同层面、不同角度，对叶适的思想、永嘉学派的精神及其在浙学中的历史地位、所体现出来的现代价值展开探讨，提出建议。本刊现全文刊发专家发言，以飨读者。

浙学中坚：论永嘉学派在浙学中的历史地位

◎王宇

重估永嘉学派在浙学中的历史地位，以下两个问题不可回避：永嘉学派在宋代浙学体系中是一个什么样的角色和定位？在元明清三代，浙学主流已变为程朱理学和陆王心学，永嘉学派是否已经永远成为历史的陈迹了呢？

本文认为，从浙学的形成历史看，宋代是浙学实现思想自觉的关键时期，而永嘉学派是宋代浙学的主力军，叶适是宋代浙学的最后一位领袖，也是宋代浙学的集大成者。南宋灭亡后，虽然程朱理学和陆王心学相继成为思想主流，但永嘉学派仍保持了生命力，并在近代中国获得了创造性转化和创新性发展。

一、浙学和宋代浙学

宋代，是浙学演进历史上分水岭式的关键时期。这主要是因为，在宋以前没有人使用“浙学”一语。以宋代为界，浙学先后经历了从“自在的浙学”到“自为的浙学”两个阶段。自良渚文化以来，浙江大地上产生的所有文化现象和精神产品，固然可以统称为“浙学”，但此种观念的浙学只是强调了浙江这一地理属性，譬如东汉王充《论衡》这样的巨作虽诞生于浙江，但仍属于中原文化南传的产物，浙江这一地理属性与这些文化现象、精神产品内在的思想逻辑缺乏联系，名之为“自在的浙学”。

进入宋代，尤其是在南宋，理学大师朱熹在历史上第一次使用“浙学”这一术语批评两浙地区所流行的一种思想学术，斥之为“浙学尤更丑陋”“浙学却专是功利”。从朱熹的批评可以发现，这一时期的浙学有两个鲜明的特征：第一，只有到了宋代，浙学才内生出了一种全国性影响的思想学术，浙学之“浙”已不是一个单纯的地理观念，而是一种原创的、独立的学术思想体系，引起了当时思想界的瞩目。第二，“浙学”之“学”的灵魂是儒学，由于儒学是中国传统文化的主流思想学术体系，浙学只有在儒学体系内发展出一整套独立的思想观点，它才真正获得自身稳定的内涵和清晰的边界。在宋以前浙江大地虽然出现了道教魏伯阳、天台宗智者大师等人，但没有人称其为“浙学”。

由此可见只有到了宋代，浙学才迎来了思想自觉的复兴，而永嘉学派作为一个区域性的原创的儒学思想体系，成为浙学从“自在”走向“自为”的主力军。为了说明这一点，有必要先回顾一下宋代浙学崛起的历史背景和问题意识。

首先是在北宋中期，新儒学运动影响迅速扩大，全国各地“学统四起”，一些地域特色鲜明的思想学术传统和学者群体次第崛起。仁宗庆历二年（1042），新儒学运动的重要人物胡瑗（993—1059）受邀来到湖州讲学，将这股清新的变革之风吹到了两浙地区。全祖望说：“庆历之际，学统四起。齐鲁则有士建中、刘颜夹辅泰山而兴。浙东则有明州杨、杜五子，永嘉之儒志、经行二子，浙西则有杭之吴存仁，皆与安定湖学相应。”[1] 此时的浙学尚处于萌芽期，北宋哲宗朝所流行的几种区域思想学术主要是二程兄弟洛学、三苏兄弟蜀学、司马光朔学、王安石新学，竞相角逐，最终在徽宗朝以王安石新学胜出、垄断“道统”为结局。

北宋灭亡，宋室南渡，王安石的荆公新学在与洛学（此时已经成为“程学”）竞争中节节败退，程学获得了朝野上下广泛的认可。但进入孝宗朝，朱熹、张栻、吕祖谦勠力同心，在隆兴至淳熙初年掀起了开展传播、研究程学的高潮。但是，随着程学复振运动的深入，在程学内部出现了自我改革的呼声，对于如何进一步加强程学的思想批评力量的问题上，吕祖谦与朱熹出现了微妙的分歧。吕祖谦更加重视程学北宋、南宋过渡之际缺乏“经世应务”能力的缺陷，并试图加以弥补；朱熹则更加强调在“内圣”的方向上完善程学的术语体系、逻辑体系。正是这一思想矛盾的萌芽和充分展开，导致朱熹形成了“浙学却专是功利”的价值判断，从而宣告了“自为的

[1] 周梦江：《叶适与永嘉学派》，浙江古籍出版社 1992 年版，第 17 页。

浙学”诞生。

二、永嘉学派是宋代浙学的中坚力量

（一）永嘉学派推动了吕祖谦为“宗主”的宋代浙学之定型。

当吕祖谦思考程学不能经世致用时，他发现了永嘉学派的奠基人薛季宣（1134—1174）正在实践改革二程理学的工作。吕氏在为薛季宣所撰写的《墓志铭》中，高度肯定他治学“于经无不合，于事无不可行”。既有别于王安石一类的功利刑名之学，又避免了单纯内倾化所导致的“不足以涉事耦变”的弊端。同时，“公之学既有所授”，薛季宣是程颐再传；薛季宣早年在武昌为官的实践经验支撑了其学术研究至关重要，他的地理之学不仅是为了解经训说，更是为南宋当代军事斗争服务的兵要地志之学。薛氏对本朝制度律法极为娴熟，以至于同僚和下属不敢相信“其为儒者”，从而暗示南宋“儒者”普遍地不擅长制度之学。吕祖谦还指出，薛季宣并不认为佛教是理学面临的大敌，理学在南宋社会面临的真正危机，是如何从“道揆”走向“法守”、从“成己”走向“成物”。薛季宣的实践和主张，都给吕祖谦很大的启发，鼓舞他继续为改造二程理学而努力。薛季宣卒于孝宗乾道九年（1173），此时浙学尚在酝酿阶段，可以说薛季宣对吕祖谦的启发推动了浙学的最终成熟。

（二）永嘉学派用学理论证、经典阐释的方式，明晰了浙学的基本立场和核心要旨。

认识到北宋新儒学不能经世致用，只是提出了问题和任务，最困难的工作是如何通过学术研究的实践去解决这个问题。吕祖谦去世后，浙学与程朱理学的矛盾公开化，而程朱理学又构建了以《四书》学为核心的新经典体系，并对经典进行全新阐释，表达自己的思想。因此，浙学与理学对话论辩时，必须以学术研究的形式阐明浙学的基本立场和核心要旨。而陈亮与朱熹虽然展开了精彩的“王霸义利之辩”，但他对经典阐释的路径兴趣淡薄，因此没能将浙学的基本思想用学术研究、经典阐释的形式加以展开论证，也没能将浙学的基本立场在学术辩论中固定下来。这一伟大的工作，是由永嘉学派，尤其是叶适完成的。

从薛季宣开始，永嘉学派就高度重视通过经典阐释、传播、论证自己的思想主张。薛季宣对《尚书》《论语》《春秋》《礼记·中庸》等经典都有训释，并在《中庸解》中旗帜鲜明地强调学习客观知识的“自明诚”，否定了“自诚明”的直观顿悟的认识方式；陈傅良更是通过《周礼说》系统阐明了浙学改造南宋各种制度所要实现的“三代”制度典范，还通过《左传》研究提出了自己的史学思想。叶适的《习学记言序目》更是一部涵盖经、史、子、集四部的百科全书式的学术专著，他通过对儒家经典、历史要籍、诸子百家的评点，提出了批评程朱理学心性思想、解构理学道统论的一系列全新观点。这些观点不仅在理论锐气和原创性方面与陈亮不相上下，而在学理阐释和经典引证方面更胜陈亮一筹。

清代学者全祖望认为，“浙学”自吕祖谦以后就分化成永嘉、陈亮、吕祖俭三支，相互之间没有思想上的共通性。在这三支中，功利倾向最严重的自然是陈亮：“永嘉以经制言事功，皆推原以为得统于程氏。永康则专言事功而无所承，其学更粗莽，抡魁晚节尤有惭德。”[1] 所谓陈亮“更粗莽”就是批评他没有学理化地论证自己的观点。全祖望还说，叶适做出了专业的学术贡献：

水心较止斋又稍晚出，其学始同而终异。永嘉功利之说，至水心始一洗之。然水心天资高，放言砭古人多过情，其自曾子、子思而下皆不免，不仅如象山之诋伊川也。要亦有卓然不经人道者，未可以方隅之见弃之。乾、淳诸老既殁，学术之会，总为朱、陆两派，而水心断断其间，遂称鼎足。[2]

[1] 《宋元学案》卷五十六《龙川学案》，第214页

[2] 《宋元学案》卷五十四，第106页

叶适通过经典阐释的论证方式，将浙学发展过程产生的“功利”思想进行合理的阐释，使之符合儒家经典的规范，只有这样，叶适才有资格与朱熹、陆九渊鼎足而三，成为南宋思想学术界的第三极。

（三）永嘉学派代表了浙学思想的原创性和革命性的一面。

吕祖谦虽然是“浙学宗主”，但他的总体思想背景仍然是理学。他一方面致力于在理学内部改造理学、提升理学的思想冒险；另一方面又与朱熹通力合作，弘扬推广理学。理学的改造者与弘扬者的双重身份决定了他的思想创新具有很强的局限性和保守性。

永嘉学派，尤其叶适，经过长达三十年的探索，最终意识到了与朱熹在理论上难以调和（朱熹也是这样认为的），浙学的历史使命不是从理学内部发掘经世致用的因素，也不是补齐理学所缺失的经世致用的本领，而是要在理论预设层面上驳正理学，即理学思想体系中最核心的心性论思想。

永嘉学派早在薛季宣那里就注意批驳理学的核心思想——心性论思想。薛季宣撰写了论文《知性辨示君举》，提出了“性不可知论”，反对将“天命之谓性”作为儒学的功夫对象（认识对象）；陈傅良（字君举）在继承“性不可知论”的基础上，提出“道法不相离”，并批评理学视为圭臬的《尚书·大禹谟》“十六字箴言”受到了老庄思想的“污染”，其谬误在于否定以制度建设改造客观世界是“道”的主要实践形式。

叶适在《习学记言序目·总述讲学大旨》中否定了理学“心包万理”的预设，指出“心”并不先天地具有真理，而只是一种认识真理、探索真理的能力；叶适批评理学以《太极图说》为中心所构建的宇宙论体系，是一个超出人的感官经验、违背常识、超越历史时空的形而上学的体系，在某种程度上已经被佛教思想所“污染”；他断然否认了理学道统论谱系中曾子的传道者地位。这些批判和反思都直击理学思想体系的核心和要害，引起了理学派的不满。程朱理学的重要学者真德秀就批评叶适《习学记言序目》属于“放言”，这恰反映了永嘉学派探索真理的勇气。故此元代学者黄溍（1277—1357）认为陈傅良、陈亮、叶适虽受益于吕祖谦，但吕氏去世之后，“人自为书，角立竞起”，而叶适之学“无一合于吕氏”，就反映了这一点。[1]

叶适虽曾多次向吕祖谦问学，特别是孝宗淳熙五年（1178），他为了备考省试而在临安逗留了半年之久，其间向同在临安任官的吕祖谦问学，吕氏向他传授了关于《皇朝文鉴》的构思和逻辑，指出应该通过研究宋代的本朝史，揭示儒家的“治道”。淳熙八年（1181）吕祖谦去世时，陈亮和一批吕祖谦门人恳请叶适继承吕学，被他拒绝。一方面是因为叶适顾虑吕祖谦门人群体内部人际关系的复杂性，更重要的原因则是叶适感觉到吕祖谦对程学的反思和批判还不够彻底。

（四）叶适是宋代浙学最后一位领袖和集大成者。

吕祖谦开创浙学之后，永嘉学派、陈亮在他的指引下丰富和壮大了浙学。朱熹指出：“其学（指吕祖谦）合陈君举、陈同父二人之学问而一之。永嘉之学理会制度，偏考究其小小者。惟君举为有所长，若正则则涣无统纪。同父则谈论古今，说王说霸。伯恭则兼君举、同父之所长。”[2]陈傅良（君举）、叶适（正则）和陈亮（同父）都是吕祖谦学术的继承者，但各自从不同方向发展了“浙学”，陈傅良主要研究制度，开创了“制度新学”，陈亮则在历史哲学领域与朱熹开展了“王霸义利之辩”，叶适被朱熹贬低为“涣无统纪”，乃是因为朱熹去世之前，叶适尚未完成对浙学的思想总结。

但是，吕祖谦于淳熙八年（1181）去世后，陈亮、陈傅良成为浙学的代表人物；绍熙五年（1194）陈亮去世，浙学的代表人物已经变为陈傅良、叶适；嘉泰四年（1204）陈傅良去世，此后二十年间，叶适成为浙学当之无愧的领袖。他利用晚年闲居的机会，系统总结了浙学的理论思考，进行了学理化的论证，整理了《水心外稿》

[1] 黄溍：《文献集》卷五《送曹顺甫序》《黄溍全集》，天津古籍出版社 2008 年版，第 237 页。

[2] 李幼武：《宋名臣言行录外集》卷十三《吕祖谦·东莱先生成公》引“晦翁（朱熹）语”。

《后总》，撰写了《习学记言序目》，同时继续讲学收徒，获得了广泛的思想影响。正是看到了叶适的这一巨大影响力，南宋末期著名学者黄震（1213—1281，字东发）在他的《日抄》中对《水心文集》进行了逐篇点评。他认为朱熹、陆九渊、陈亮、陈傅良确认为南宋思想学术的四大家，而叶适“混然四者之间”，遂为五大家：

愚按乾淳间，正国家一昌明之会，诸儒彬彬辈出，而说各不同。晦翁本大学致知格物以极于治国平天下，工夫细密。而象山斥其支离，直谓即心是道。陈同甫修皇帝王霸之学，欲前承后续，力拄乾坤，成事业而不问纯驳。至陈傅良则又精史学，欲专修汉唐制度吏治之功。其余亦各纷纷，而大要不出此四者，不归朱则归陆，不陆则又二陈之归，虽精粗高下，难一律齐，而皆能自白其说，皆足以使人易知。独水心混然四者之间，总言统绪，病学者之言心而不及性，则似不满于陆；又以功利之说为卑，则似不满于二陈；至于朱则忘言焉。水心岂欲集诸儒之大成者乎？然未尝明言统绪果为何物，令人晓然易知如诸儒者。[1]

黄震明白地指出，所谓“独水心混然四者之间”，是说叶适虽然是永嘉学派的集大成者，其思想却与朱熹、陆九渊有着不同程度的交集，这是因为他对南宋思想学术所有重要的命题都进行了深入的思考，对朱子学、象山心学、浙东学派都进行了批判性的吸收和重构。

三、元明清浙学充分吸收了永嘉学派思想和学术

叶适去世（1223）后，程朱理学成为官学，逐渐统治了整个思想文化领域，永嘉学派乃至朱熹所批评的“专是功利”的浙学也在

[1] 黄震：《黄氏日抄》卷六十八《读叶水心文集 · 敬亭后记》，影印文渊阁四库全书本。

师徒授受的系统中逐渐失去了传承，元明清浙学的主流已经成为程朱理学和陆王心学，永嘉学派给人一种戛然而止的印象。这就产生了一个问题，如果永嘉学派被永远定格于南宋，那么它对元明清浙学乃至近现代浙江，岂非毫无影响？

实际上，只要我们仔细考察元明清浙学的发展历史，永嘉学派的思想观点、学术方法已经融入了浙学之中，获得了另外一种形式的传承。这一点可以从以下几个方面加以考察。

（一）程朱理学对永嘉学派进行了批判性的吸收和借鉴。

永嘉学派以"制度新学""事求可、功求成"为号召，但是程朱理学并不完全排斥制度研究和对"事功"的追求。黄榦就曾说："君举陈丈（陈傅良），于大经大本固难责以尽合，然闻其于制度考证亦颇有过人处，善取人者，亦资其长以益己而已。"[1]"大经大本"是朱子学理论的核心——心性学，但永嘉学派的"制度考证"也是值得朱子学借鉴汲取、丰富自我的有益成分。作为朱子学在宁宗、理宗朝的代表人物，魏了翁早年与叶适有一定的交往，全祖望推测："嘉定而后，私淑朱、张之学者，曰鹤山魏文靖公。兼有永嘉经制之粹，而去其驳。"[2]所谓"兼有永嘉经制之粹，而去其驳"，反映了魏了翁在早年对"道学"的接受，是在一个宽泛的意义上来进行的。[3]如传承陆学的"甬上四先生"之一的袁燮（1144—1224）也曾问学陈傅良："永嘉陈公傅良，明旧章、达世变，公与从容考订，细大靡遗，其志以扶持世道为己责。然自始学，于义利取舍之辨甚严。"[4]所谓"然自始学，于义利取舍之辨甚严"，指袁燮学问虽然

[1] 黄榦：《黄勉斋先生文集》卷八《与胡伯履西园书》（干贱迹如旧）。

[2] 《宋元学案》卷八十《鹤山学案·序录》，第124页。

[3] 何俊：《南宋儒学建构》，第352页。

[4] 真德秀：《西山文集》卷四十七《显谟阁学士致仕赠龙图阁学士开府袁公行状》，第760页。"甬上四先生"与永嘉学派的学术交流情况，详见周梦江《叶适与永嘉学派》，第132至139页。

从陈傅良那里吸收了“制度新学”的营养，但对“义利”关系的认识与之大异其趣。朱熹的弟子滕璘(1154—1233)也曾问学于陈傅良：“公既从朱子，得为学大方，异时至永嘉，又从故中书舍人陈公傅良，问《左氏》要义，陈公告语甚悉，大略谓：‘左氏本依经为传，纵横上下，旁行溢出，皆所以解驳经义，非自为书。’且告以六经之义，兢业为本，公佩服焉。”[1] 魏了翁、袁燮、滕璘虽然最终都归本于朱子学或象山心学，但陈傅良的“制度新学”也成为他们吸收的思想养分。以上事实证明朱子学与永嘉学派具有一定的互补性。

南宋末年福建朱子学者林希逸（1193—1271,福清县人）说:“自薛常州、陈止斋以周官六典参之诸史，讲求古今，损益异同之故。又考本朝文献相承所以垂世立国者，欲正体统，联上下，使内朝外廷必别，大纲小纪必严，与夫取民、制兵、足国、厚下之法，随事条理，期为长久，以今准昔，而不为好古之迂。本末明究，要皆可行。”[2]

林氏指出薛季宣、陈傅良不但善于考证三代名物、舆地、制度，且注意总结吸取北宋立国以来制度变迁的得失；这些研究不仅是为了复原历史的原貌(“好古之迂”)，而是要在复原历史原貌的基础上，整理出足以解决南宋当代财政、政治、军事、社会危机的制度安排，实现国家的长治久安。元代朱子学者程端礼（1271—1345）曾这样评价薛季宣:“余谓士之谈诗书而略事功，其来已久，遂使俗吏嗤儒为不足用……余少读薛常州《行述》，窃欣慕之，盖其学本濂洛，其自得之实，于经无不合，于事无不可行，莅官文武，应机处变，政无巨细，靡不曲当。”[3]

程端礼批评从南宋后期开始，读书人中流行的“谈诗书而略事

[1] 真德秀:《西山文集》卷四十六《朝奉大夫赐紫金鱼袋致仕滕公墓志铭》，第731页。

[2] 林希逸:《竹溪鬳斋十一稿续集》卷二十二《秘阁提刑侍讲正言陈公墓志铭》，影印文渊阁四库全书本，第778页。

[3] 程端礼《畏斋集》卷三《送薛学正归永嘉序》，第48页。

功”的偏向，削弱了朱子学改革客观世界、经世致用的功能；而他注意到薛季宣“学本濂洛”，担任过多个军政职务，政绩卓著[1]，同时又是一个出色的学者，可以纠正朱子学末流蹈空好高之弊。

一些明代学者虽然承认“浙学”是与朱、陆鼎足而三的，但认为三者之间具有明显的“互补”特征。如浙江学者章懋（1436—1521）说：

为学之道，居敬、穷理不可偏废。浙中多是事功，如陈同父、陈君举、薛士龙辈，只去理会天下国家事，有末而无本；江西之学多主静，如陆象山兄弟专务存心，不务讲学，有本而无末。惟朱子之学知行本末兼尽，至正而无弊也。[2]

章懋将浙学和陆学整合到了朱子学体系之中，即朱子学是全面的、自洽的，而前二者是片面的、不自洽的，但浙学、陆学之片面并非他者，而是朱子学的多面性中的一面，因此朱子学的丰富性和普遍适用性，也需要浙学和陆学彰显。

由上可知，叶适去世后漫长的六百年间，永嘉学派虽然已经停止了发展，也不再产生新的领袖人物，但它的思想观点和学术成就仍然受到了程朱理学的重视，虽然这种重视是以批判为前提的，我们仍不得不承认，永嘉学派已经融入了元明清浙学的发展进程之中，由此得到了部分的传承。

（二）永嘉学派通过近代复兴实现了创造性转化和创新性发展。

永嘉学派主张“事求可，功求成”，反对空谈心性，主张将儒学的价值观运用实践于现实生活，实实在在地增进人民福祉，改革社会弊端，起到了纠正程朱理学、陆王心学末流流于空疏清谈弊端

[1] 薛季宣的政治生涯，详见王宇《永嘉学派与温州区域文化》，第117至127页。

[2] 章懋：《枫山语录·学术》，丛书集成初编本。

的积极作用，在民族危机深重的近代中国，永嘉学派的独特价值引起了思想学术界的重视。在孙衣言、孙诒让父子为代表的一批晚清知识群体的努力下，在晚清掀起了复兴永嘉学派的高潮，由于这次近代复兴，永嘉学派的文化基因被人为地激活了，实现了在近现代中国的创造性转化和创新性发展。

这种创造性和创新性表现为：晚清温州知识群体大量刊刻传播永嘉学派文献，为研究永嘉学派提供了可靠的资料，并大力宣传永嘉学派的历史地位和贡献；更重要的是，他们秉承永嘉学派经世致用的宗旨，积极发展近代实业、创办新式学校、设立各种新式社会事业，对温州乃至浙江走向近代化，起到了重要的推动作用。由于孙诒让等学术大师的倡导和呼吁，永嘉学派得到了全国学术界的重视和瞩目，在某种程度上恢复了南宋中期的辉煌。更重要的是，这次近代复兴直接促成了改革开放以来当代温州人精神的孕育和定型，是赓续永嘉学脉的中继线和里程碑，应该得到高度肯定。二〇一九年七月，时任省长袁家军同志来温考察调研期间，肯定了永嘉学派的历史地位和现实价值，明确指出应加强永嘉学派研究。

四、结语

今天我们重估永嘉学派在浙学中的历史地位，绝非出于乡梓情深的羁绊，为古代乡贤争地位、抢功劳，而是力图通过严谨的学术研究和学理论证，恢复永嘉学派在浙学发展历史上应有的地位。事实证明，永嘉学派是宋代浙学的中坚力量，叶适是宋代浙学当之无愧的集大成者。明确了这两个关键的历史地位，才能正本清源地研究浙学历史，追溯当代温州人精神的源头活水，从而为建设新时代文化温州注入精神动力。

叶适与永嘉四灵诗派

◎ 陈增杰

永嘉四灵指南宋徐照、徐玑、翁卷、赵师秀四位温州籍诗人。温州古称永嘉郡；四人字号中皆带“灵”字，彼此旨趣投契，创作主张一致，诗歌风格相近，故世称“永嘉四灵”。以四灵为首的永嘉四灵诗派，是继江西诗派之后在南宋诗坛独树一帜的重要诗歌流派，当时曾经风行天下，显名一时，影响广远。作为一代大儒的叶适，是四灵诗派的有力倡导者和理论建树者，对四灵派的宗旨、诗风给予理论上的建设提升，起了极大的倡扬推动作用。

一、四灵出自叶适门下

“四灵”之称，始见叶适《题刘潜夫南岳诗稿》，言徐照、徐玑、翁卷、赵师秀“皆自号四灵”（详后文引）。其后，宋吴子良《林下偶谈》谓“其徒尊为四灵”（详后文引），元袁桷《书汤西楼诗后》谓“永嘉叶正则始取徐翁赵氏为四灵”[1]。

四灵皆为叶适门人。吴子良《林下偶谈·四灵诗》云：“水心之门，赵师秀紫芝、徐照道晖、徐玑致中、翁卷灵舒，工为唐律，专以贾岛、姚合、刘得仁为法，其徒尊为四灵，翕然效之，有八俊之目。”[2]记述明确，因之我在《南宋四灵简论》（1984）中说四灵皆出自水心门下。实则清黄宗羲《宋元学案·文节赵章泉先生蕃》言四灵“尝游水心之门”[3]（“游”为相随从学之意）；《四库全书·别集一五·芳

[1] 袁桷《清容居士集》卷四八，影缩本四部丛刊初编第 297 册，第 678 页。

[2] 吴子良《林下偶谈》卷四，丛书集成初编第 324 册，第 38 页。

[3] 黄宗羲《宋元学案》卷五九，续修四库全书第 519 册。

兰轩集》提要“四灵以晚唐之体，一变江西余派，皆尝游叶适之门”[1]。清王礼培《小招隐馆谈艺录·论宋代诗派》：“四灵者……皆叶水心弟子。”[2] 皆已相承为说，并无疑问。清孙衣言《瓯海轶闻》卷八《叶文定公适·水心弟子》于四灵中仅列徐玑一人，周梦江先生《叶适与永嘉学派》第十八章《叶适的门人考略》援为依据，谓余三灵徐照、翁卷、赵师秀非其门人。这样的看法不够全面，有失偏颇。

叶适《徐文渊墓志铭》言“君与余游最早”[3]，徐玑为水心门弟子固无疑。其《二薇亭集》卷上《读徐道晖集》云：“朋友哀钱葬，先生有笔评。”[4] 先生指叶适，应理解为徐照、徐玑同以叶适为师，故曰“先生有笔评”。《林下偶谈》作者吴子良，字明辅，号荆溪，台州临海人，是叶适晚年关系密切的学生，刘克庄言为传嫡“水心文印”（《哭吴卿明辅》）者。《水心文集》卷二七有《答吴明辅书》，向他讲论学与道“名实真伪之说”。戴栩《题吴明辅文集后》云：“颇忆从水心游，时遇佳题，辄令同赋。”[5] 是吴、戴同从学水心。栩字文子，永嘉人，为四灵派成员（详后文引）。徐玑有《送戴文子赴定海主簿》诗，戴亦有《送翁灵舒赴越帅分韵得欲字》诗。吴子良、戴栩是同学，戴栩与四灵并有唱酬，他们之间的情况应是较熟悉的。《林下偶谈》记述永嘉学者和学术、诗文创作事甚多，对叶适尤为推崇。《四库全书总目》提要称其“论诗评文之语，所见颇多精确”，识见“高于当时诸人”[6]。在这样明晰的学术师承和交游背景下，他

[1] 文渊阁四库全书本《芳兰轩集》卷首。按：此数句《四库全书总目》卷一六二《芳兰轩集》提要无见。

[2] 王礼培《小招隐馆谈艺录》初编卷二。

[3] 《叶适集》卷二一《徐文渊墓志铭》，中华书局 2011 年版，中册第 410 页。下引叶适文均见此本，仅标卷次。

[4] 陈增杰校点《永嘉四灵诗集》，浙江古籍出版社 1985 年版，第 130 页。下引四灵诗均见此本。

[5] 戴栩《浣川集》卷二，文渊阁四库全书本。

[6] 《四库全书总目》卷一九五《荆溪林下偶谈》。

说四灵出于“水心之门”，自为信实有据之言，而非道听途闻或出杜撰，没有理由加以怀疑。

周著谓“叶适在文章中只提到徐玑是自己的学生，对其余三人均未言及是自己门人”[1]。这一点显然不能成为否认理由。叶适门徒很多，黄宗羲等《宋元学案·水心学案表》列陈耆卿以下三十五人，孙衣言《瓯海轶闻 · 水心弟子》列方来以下四十八人，其中有许多名不见《水心文集》《水心别集》，是根据别的著作或地方志的资料确定的。如孔元忠（复君），见宋刘宰《漫塘集》卷三五《寺丞孔公行状》；袁聘儒，见宋陈振孙《直斋书录解题》卷一；戴木（子荣），见元林昉《跋类事蒙求后》；柯大春（德华），见《黄岩县志》卷二十；等等。况且，《瓯海轶闻》所列门弟子虽为最多，但仍有遗缺，像较为有名的蒋叔舆（见下文）、吴子良等均未列入。所以，《宋元学案》《瓯海轶闻》所列水心门人可供参考，但并不是最终统计，更不能援以为确否取舍之准绳。至于张端义《贵耳集》卷上所云“赵天乐，叶水心四灵之友也”[2]。意思说赵师秀（天乐）是叶适称之为“四灵”的交好之人。这句话本身就不怎么确切，因为他将叶适自己说的“与余游最早”的四灵中的徐玑也定位为“友”（朋友）了。再说张端义年辈稍晚，与永嘉学术文化界人物少有来往，对四灵也了解不多，如将徐照的《石门瀑布》名句“千年流不尽，六月地长寒”引为翁卷诗。所以我们不能拿他随意说的一句并不怎么确切的话来否定叶适嫡传门人吴子良的明确记述。

二、叶适与四灵的交往

据现存作品，叶适与四灵来往诗文，计诗十七首、文六篇。

[1] 周梦江《叶适与永嘉学派》，浙江古籍出版社 2005 年版，第 269 页。按：这个问题周先生在世时曾与笔者交谈讨论过，他不认同我《南宋四灵简论》文的表述。我当时说，且各存己见。

[2] 张端义《贵耳集》卷上，丛书集成初编第 2783 册，第 17 页。

徐照有《净光山四咏呈水心先生》,四诗分题《宿觉庵》《渔境亭》《会景轩》《茶山堂》。净光山即松台山，在郡城西南。叶适所居水心村即在山之南麓，写有《净光松风阁》《宿觉庵记》等。叶适有《薛景石兄弟问诗于徐道晖，请使行质以子钱畀之》《徐师屋广行家集定价三百》诗；其卒，为作《徐道晖墓志铭》。

徐玑有《上叶侍郎十二韵》，其《净光山四首》，分题与徐照所咏同,当亦是上呈叶水心作。叶适有《赠徐灵渊》《菊花开送徐灵渊》《送徐致中序》。其卒，为作《徐文渊墓志铭》，又有《徐灵渊挽词》《祭徐灵渊文》。叶适与徐氏家族亦有交谊，为其父知潮州徐定（德操）作《徐德操墓志铭》，继又为作《徐德操春秋解序》。

叶适自谓早年往来乐清柳市，知悉翁氏家族“人人能诗”，而翁卷称著。前后两度为翁卷诗集作序，名《西岩集序》《翁灵舒诗集序》。

赵师秀有《答叶司理》《叶侍郎送芍药》诗，叶适有《送赵紫芝游天台》诗。

此外,叶适在文中涉及（包括未指名涉及）四灵者三篇,为《徐斯远文集序》《王木叔诗序》《题刘潜夫南岳诗稿》。

三、叶适与四灵派诗人的交往

四灵派诗人，据同时代郡人王绰《薛瓜庐墓志铭》记述，列举刘咏等十五家。笔者依据现存文献资料，从有关记载论述和师承关系、交酬情况及诗见、诗尚、诗风等多个方面进行考察，筛选、界定四灵派成员，表列四十六家，其中本土诗人三十四家（包括叶适、潘柽、四灵），外籍诗人十二家，详见《永嘉四灵诗派诗家考述》[1]。

此中，叶适与有交往者（四灵外）十八人，举述如次。属其门

[1] 陈增杰《永嘉四灵诗派诗家考述》，见载温州市图书馆编《温州历史文献集刊》第五辑，黄山书社 2020 年版。收在《宋元明温州诗话》，厦门大学出版社 2020 年版，第 137 至 170 页。

弟子有戴栩、赵希迈、蒋叔舆、葛绍体诸人。

戴栩为叶门高足，其学术文章颇能传承水心遗绪。《浣川集》中和呈叶适诗多首，如《和叶水心会昌观小集》《次韵水心端午思远楼小集》《赏梅游中塘分韵得影字呈水心》等，过从密切。又尝代作《贺正表》三篇，师生交谊深笃。孙诒让《温州经籍志·浣川集》案云："浣川于水心文法，亲得其传授，故此集所存文奇警恣肆，杂之《水心集》中，几不可辨。"[1]

赵希迈字端行，其《提干厅重建超然堂记》言"游先生（指叶适）门最久"，又云："水心叶先生负天下重名，淳熙十年官浙右提点刑狱，幕士争宗师，川赴谷应，暇时赋诗超然堂上。"[2]

蒋叔舆字德瞻，戴栩《存斋蒋弋阳墓志铭》言："公于诗则四灵……于文则水心之门友。"[3]蒋赴任华阳军节度推官，叶适《送蒋少韩》诗云："濯足洞庭浦，晞发君山巅。谁惊瘦到骨，所要清为天。"（卷七）

葛绍体字元诚，侨居黄岩，与永嘉诗家频多倡酬。元林昉《跋类事蒙求后》："昉少闻葛元诚兄弟、谷口郑东之、渔村戴子荣，皆师事水心叶公，学有根据。"[4]《四库全书总目·东山诗选》："尝师事永嘉叶适，得其指授。"[5]叶适《送葛元诚》："数年之留能浩浩，一日之别还草草。念子身名两未遂，令我衰病无一好。古人探道从妙年，今人重耳轻目前。不愁好龙龙不下，只愁爱玉酬石价。"（卷六）对他怀玉不售、志业未遂深为惋叹。又有《赠二葛友》（绍体

[1] 孙诒让《温州经籍志》卷二二，上海社会科学院出版社 2005 年版，中册第 966 页。

[2] 赵希迈《提干厅重建超然堂记》，见钱穀编《吴都文粹续集》卷八，文渊阁四库全书本。

[3] 戴栩《浣川集》卷一〇，文渊阁四库全书本。

[4] 林昉《跋类事蒙求后》，见光绪二十二年刻本《太平县志》卷十六、康熙三十八年刻本《黄岩县志》卷七引。

[5] 《四库全书总目》卷一六二《东山诗选》，中华书局 1983 年版，下册第 1392 页。

与其弟应龙）诗。葛有《和水心先生寄越帅汪焕章得雨韵》。

永嘉籍诗人有潘柽、刘咏、张埴、赵汝回、刘植、卢祖皋、薛师石、薛师山、高彦符、翁忱、翁慥、曹豳、薛师董诸人。

潘柽字德久，居永嘉四灵之先，首倡晚唐体，可以说是开拓永嘉诗风的前驱。潘参佐建康府戎幕，叶适《送潘德久》云："闻道将军如郤縠，不妨幕府有陶潜。"（卷八）言其文武双全，很是推重。刘克庄说他的诗"尤为项平庵（安世）、叶水心赏重"[1]。元方回《瀛奎律髓》卷三《题钓台》评："叶水心快称其诗，竞谓永嘉四灵之徒凡言诗者皆本德久。"[2] 叶适《周会卿诗序》云："德久漫浪江湖，吟号不择地，故所至有声。"（卷十二）为其诗集《转庵集》作序，在他去世后赋《诗悼路钤舍人德久潘公三首》之一："诗人冥漠去何许，花鸟相宽不作愁。耆旧只今新语少，九原唤起韦苏州。"（卷八）比之唐诗人韦应物，评价极高。

刘咏字咏道，叶适《题郭希吕刘咏道游雁荡诗后》言"隐刘甘隐沦"，又称其诗，谓"百种聚奇怪，从君句里分"（卷七）。

张埴字直翁，叶适《沈仲一墓志铭》云："张埴……为其婿。埴，筠州录参。"（卷十七）

赵汝回字几道，叶适《送赵几道邵武司户》誉之"有句官曹清"，又勉以"功到阔深处，天教勤苦成"（卷七）。

刘植字成道，其《呈叶先生侍郎》诗云："闲心同野水，煦物尽春风。"极表推崇。

卢祖皋字次夔，颇得叶适称赏，《赠卢次夔》谓："家住东郊深，能诗人共寻。"（卷七）

薛师石（景石）、薛师山（仁静）兄弟。师石曾为其曾祖薛弼求铭于叶适，叶为作《故知广州敷文阁待制薛公墓志铭》。叶适言其兄弟俱学诗于徐照，《薛景石兄弟问诗于徐道晖，请使行质以子

[1] 刘克庄《后村大全集》卷一一〇《徐总管诗卷汝乙》，四部丛刊初编本。

[2] 方回《瀛奎律髓》卷三《题钓台》批语，清嘉庆五年李光垣校勘本。

钱界之》云:“吟得徐家生活句，新来栏典讳诗穷。”（卷八）称赏他的诗，曹豳《瓜庐诗跋》云:“此水心先生之所称赏而诸灵之所推逊而待以别席也。”[1] 雇舟到访他城外会昌湖上的瓜庐，师石《水心先生惠顾瓜庐》云:“未成三径已荒芜，劳动先生枉棹过。”又有《学海楼和水心先生韵》。叶适有《题薛仁静墓》（卷二九）文，言其喜好《周易》。

高彦符字竹有，为叶适外侄，叶有《赠高竹有外侄》诗，称其嗜学勤读，又善赋。

翁忱（诚之）、翁慥（常之）兄弟。翁忱卒，叶适为撰《翁诚之挽词》（卷六），复作《翁诚之墓志铭》，言其博学明理，文字重密，“诗尤得句律”（卷十五）。叶适为翁慥诗集《松庐集》作序，言其诗“颇似”杜甫一体，引其论诗语（卷十二《松庐集序》）；又在《西岩集序》中言其诗“规完矩正”，与翁卷并著。其卒，为作《翁常之挽诗》二首，称其“晋画唐吟老愈奇”（卷八）。

曹豳字西士，钱文子门人。曾为薛师石诗集作跋（《瓜庐诗跋》）。曹豳就差重庆府司法参军，叶适《送曹潜夫》有“闲吟杜甫诗千首”句。

薛师董字子舒，薛叔似次子。师董聪颖有才学，深得叶适赏誉，《薛子舒罢官久无所授，端明（指薛叔似）得谢，始换承务郎》云“空多贾谊学，突过马周年”（卷七），比之贾谊、马周。其卒，为撰《薛子舒祭文》（卷二八）；又《薛子舒墓》云“燐迷王弼宅，蒿长孟郊坟”（卷七），比之王弼、孟郊。

非永嘉籍诗人，除门人葛绍体外，尚有蜀释居简。居简先后居台州、杭州，往来温州，与永嘉诗家最为投契，深得叶适契重。居简住持台州般若院，叶有《奉酬般若长老》作，称“简师诗语特惊人”（卷八），跋语复云:“新诗尤佳，三复愧叹……何时共语，少慰孤寂。”[2]

[1] 嘉庆六年顾修读画斋重刻《南宋群贤小集》第十九册薛师石《瓜庐诗》附。

[2] 见元白珽《湛渊静语》卷二引，文渊阁四库全书本。

四、叶适对四灵诗派的倡导和理论建树

叶适欣赏四灵的才识，称美他们的诗作。他说徐照爱好大自然，上下山水，穿幽透深，弃日留夜，常常留连忘返，故所作能体悟微细，模写切近。“有诗数百，斫思尤奇，皆横绝欻起，冰悬雪跨，使读者变踔憀栗，肯首吟叹不自已。然无异语，皆人所知也，人不能道尔。”[1] 言其措思不凡，迥出常格，能用浅近平易的语句，写出人人目中所见、心中所有而笔不能道的情景意境，所以令人叹赏。《四库全书》提要称“所以推奖之者甚至”[2]。谓徐玑见解高超，议论深入：“君每为余评诗及他文字，高者迥出，深者寂入，郁流瓒中，神洞形外，余辄俛仰终日，不知所言。然则所谓专固而狭陋者，殆未足以讥唐人也。”[3] 又称他暮年书法“稍近《兰亭》”[4]。为翁卷诗集作《西岩集序》，十分赞赏：“若灵舒则自吐性情，靡所依傍，伸纸疾书，意尽而止。”又称他“意在笔先，味在句外”，能“得《三百》之旨”[5]。言能领悟《诗经》宗旨，继承风雅传统。这是很高的评价。

叶适对四灵倡扬唐体的主张，很加称奖。赵汝回《瓜庐诗序》(1237)：“唐风不竞，派沿江西，此道蚀灭尽矣。永嘉徐照、翁卷、徐玑、赵师秀乃始以开元、元和作者自期，冶择淬炼，字字玉响，杂之姚贾中，人不能辨也。水心先生既啧啧叹赏之，于是四灵之名天下莫不闻。”[6] 又《云泉诗序》(1249)：“永嘉自四灵为唐诗一时，

[1] 《叶适集》卷一七《徐道晖墓志铭》，中华书局 2010 年版，中册第 321 页。

[2] 《四库全书总目》卷一六二《芳兰轩集》，中华书局 1983 年版，下册第 1389 页。

[3] 《叶适集》卷二一《徐文渊墓志铭》，中华书局 2011 年版，中册第 410 页。

[4] 《叶适集》卷二一《徐文渊墓志铭》，中华书局 2011 年版，中册第 410 页。

[5] 此文《叶适集》失收，见文渊阁四库全书本翁卷《西岩集》卷首。

[6] 嘉庆六年顾修读画斋重刻《南宋群贤小集》第十九册薛师石《瓜庐诗》卷首。

水心首见赏异。”[1] 吴子良《林下偶谈·四灵诗》：“水心广纳后辈，颇加称奖。”[2]

叶适亲自为编《四灵诗选》，简择四灵诗五百首，由江湖诗人兼书商陈起刊印，广行天下。宋许棐《融春小缀·跋四灵诗选》：“兰田种种玉，檐林片片香。然玉不择则不纯，香不简则不妙。水心所以选四灵诗也。选非不多，文伯犹以为略，复有加焉。呜呼，斯五百篇出自天成，归于神识，多而不滥，玉之纯、香之妙者欤！芸居不私宝，刊遗天下，后世学者，爱之重之。”[3]《直斋书录解题》卷二〇《徐照集》随斋批注亦云：“是为四灵。水心为选诗。”[4] 陈起刊印的《南宋名贤小集》本四灵诗，即叶适所编《四灵诗选》，今已失传。明潘是仁（讱叔）辑刻《宋元四十三家集》之四灵诗集，计诗四百六十二首，大约保存了叶编《四灵诗选》的旧貌。清顾修《读画斋重刻南宋群贤小集序》云：“永嘉四灵诗，当时行都坊亦有刻本，今不可得见矣。幸明末潘讱叔《宋诗选》中尚存五百首之旧，亦附梓以传。”[5]

叶适不仅对四灵的论诗宗旨做了恰当的归纳阐述，并考察探寻诗歌发展源流，结合近世流行的诗见、诗风，进而将四灵论诗主张给予从理论上的总结提升，起了有力的倡扬推动作用。叶适先后在三篇重要文章中做了互为补充照应的表述，揭示要领，十分精辟。

他在《徐道晖墓志铭》(1211) 中说：唐代近体诗源于齐梁永明体，“五色彰施，而律吕相应”，注重声律辞采。其“取成于心，寄妍于

[1] 嘉庆六年顾修读画斋重刻《南宋群贤小集》第十九册薛嵎《云泉诗》卷首。

[2] 吴子良《林下偶谈》卷四《四灵诗》，丛书集成初编第 324 册，第 38 页。

[3] 嘉庆六年顾修读画斋重刻《南宋群贤小集》第四册许棐《融春小缀》。按：丁瀫字文伯，徐谊、钱文子门人，与四灵有来往。芸居，陈起别号。

[4] 陈振孙《直斋书录解题》，上海古籍出版社 1987 年版，第 609 页。该本考云：随斋为程大昌曾孙程棨，元时人。

[5] 嘉庆六年顾修读画斋重刻《南宋群贤小集》第一册卷首。

物，融会一法，涵受万象”，讲究的是炼字琢句谋篇的技法[1]，这是唐体诗的精粹（唐人之精）。然而“厌之者”却认为“纤碎而害道，淫肆而乱雅”，“反以浮响疑宫商，布缕缪组绣，则失其所以为诗矣”。徐照等人“复言唐诗”，“发今人未悟之机，回百年已废之学”，是值得词人墨卿引为快的[2]。

接着在《徐文渊墓志铭》（1215）中说：“初，唐诗废久，君与其友徐照、翁卷、赵师秀议曰：‘昔人以浮声切响、单字只句计巧拙，盖风骚之至精也。近世乃连篇累牍，汗漫而无禁，岂能名家哉！’四人之语遂极工，而唐诗由此复行矣。”[3] 过后又在《题刘潜夫南岳诗稿》（1220）中说：“往岁徐道晖诸人，摆落近世诗律，敛情约性，因狭出奇，合于唐人，夸所未有，皆自号四灵云。”[4]

这里首先要说明的是，叶适、四灵及南宋诸人所讲的“唐诗”“唐体”“唐风”，均指中晚唐的律体诗而言，他们所说的“唐人”也多指中晚唐诗家。把这三段简要的论述贯通起来，可以显见，叶适肯定支持四灵提倡唐体、革新诗律的主张，并对近世诗坛的现状进行了批评。叶适的批评其实包含两个层面的内涵，一是针对厌弃唐体的“今人”而发，二是为了革除那种“汗漫”虚枵的诗风。这些论述已经触及问题的本质方面，即从社会文化背景的视角，揭示了四灵诗派兴起的两个直接的成因：不满理学家的诗见，矫正江西余派的流弊。

叶适文中说的厌弃唐体的“今人”，并非泛谓，而是有所指的，殆即隐指当时的理学家言。《弘治温州府志·赵师秀》的记述证实了这一点：“自乾（乾道）淳（淳熙）以来，濂洛之学方行，诸老

[1] 参见清王礼培《小招隐馆谈艺录》初编卷一《论唐代诗派》。

[2] 《叶适集》卷一七《徐道晖墓志铭》，中华书局 2010 年版，中册第 321 页。

[3] 《叶适集》卷二一《徐文渊墓志铭》，中华书局 2011 年版，中册第 410 页。

[4] 《叶适集》卷二九《题刘潜夫南岳诗稿》，中华书局 2011 年版，中册第 611 页。按：文云“今四灵丧其三矣”，赵师秀卒于宁宗嘉定十三年（1220），故可推知此文当作于该年或稍后。

类以穷经相尚，诗或言志，取足而止，固不暇如昔人体验声病，俾律吕相宜也。至潘柽出，始创为唐诗；而师秀与徐照、翁卷、徐玑寻绎遗绪，日锻月炼，一字不苟下，由是唐体盛行。”[1]这里明白扼要地揭明四灵及其先声潘柽“创为唐诗”、推行“唐体”的背景，是对叶适《徐道晖墓志铭》文的很好诠解。理学家崇尚经义，为文“取足而止”，轻忽诗歌的音律和字句琢炼，不再像前人那样体验格律声韵。“以浮响疑宫商，布缕缪组绣”，就是说用杂乱不合规则的音句置疑严整的平仄声律，用麻线去织锦缎，粗制滥造，不可名诗。这种废弃唐律传统，轻视形式技巧的“贱诗”观点和败坏的诗风，为有志于革新诗律的四灵所要力加反对的，这是四灵倡扬唐体的第一个成因。

叶文阐述的另一层面，亦即是四灵“复行唐诗”的第二个成因，在“摆落近世诗律”，“以浮声切响[2]、单字只句计巧拙”，革除那种“连篇累牍，汗漫而无禁”泛滥不加节制的作风。此论实质上系就江西余派的作风来说的。关于这一点，叶适在《徐斯远文集序》中有更清楚的表述：“庆历、嘉祐以来，天下以杜甫为师，始黜唐人之学，而江西宗派章焉。然而格有高下，技有工拙，趣有浅深，材有大小，以夫汗漫广莫，徒枵然从之而不足充其所求，曾不如脰鸣吻决[3]，出豪芒之奇，可以运转而无极也。故近岁学者已复稍趋于唐而有获

[1] 明弘治《温州府志》卷一〇《人物·艺文·赵师秀》，上海书店出版社影印《天一阁藏明代方志选刊续编》第32册。明徐象梅《两浙名贤录》卷四六《文苑·赵紫芝师秀》、明凌迪知《万姓统谱》卷八三载同。

[2] 浮声切响，《宋书·谢灵运传论》：“欲使宫羽相变，低昂互节，若前有浮声，则后须切响。”浮声，平声；切响，仄声。谓句中平声仄声交替转换，构成和谐而有变化的音律。

[3] 脰鸣吻决，语出《周礼·考工记·梓人》：“以脰鸣者……谓之小虫之属。”郑玄注：“脰鸣，鼃黾（虾蟆）属。”又：“锐喙决吻。”林希逸《考工记解》卷下：“锐，尖也。以吻决物而食之，鸟雀皆然也。”脰，颈项。吻，嘴。决，张开。状虾蟆伸颈鸣叫，鸟雀张喙啄食。喻言其物虽小，而皆能显示自己的独有方式，自立于世。

焉。”[1]意思说：江西派废黜中晚唐诗（黜唐人之学），打着师法杜甫的旗号，但不明悟不同的人其气格、技法、意趣、才性的各自差异，“徒枵然从之”，实际上没有学到什么；贾岛、姚合等人虽才气不大，却以“苦吟”名家。与其阔远不着边际，虚枵无所于用，不如把目标放小些，出奇制胜，自成格局，可以运转自如，统领一方。叶适说的“近岁学者”即谓四灵等人，他们虽才力有限，然能研讨精工，“敛情约性，因狭出奇，合于唐人，夸所未有”，终然“有获”“名家”。四灵之崇尚晚唐体，另一个因由就是为了扭转矫正江西余派汗慢无拘、不切实际的弊病。这一段话，道出四灵及后来江湖派这一群自感才力有限而又欲有所建树的诗人们的共同想法，也是四灵体能为一大批中小诗家所接受在当时广为流行的重要原因。

五、叶适宣倡四灵诗的思想根源

叶适之支持倡扬四灵诗，尚有其更深层次的原因，那就是哲学思想上的根源，也可以说这是他发扬事功学说的一个重要组成部分。

叶适的永嘉之学主张事功，考究经世致用，与奢谈心性的程朱理学相对立；他对理学家卑视轻略艺文的观点并不苟同，同样也持批评态度。宋车若水《脚气集》卷下引王象祖语：“中兴以来，名公钜儒，不自名家，张（栻）、吕（祖谦）、朱（熹）氏，造儒术而非文艺，独水心擅作者之权。”[2]郭绍虞主编《中国历代文论选·宋》曰：“叶适论诗在强调思想内容的同时，也很注意韵律辞彩之美，与道学家的态度不同。”[3]说的都不错。如上文所述，与理学家不同，叶适重视艺文的功能，在注重有“关世教”的同时，主张“验物切近”，

[1] 《叶适集》卷十二《徐斯远文集序》，中华书局2010年版，上册第214页。

[2] 《全宋笔记》第七编，大众出版社2016年版，第八册第249页。

[3] 郭绍虞主编《中国历代文论选》，上海古籍出版社1979年版，第二册第415页。

"律吕相应"[1]，精工研炼。理学家将"文以载道"极端化了，说为文作诗要"专意"于道，否则便是"玩物丧志"[2]，忽略了文学作品内容题材的多样性、丰富性，它所具有的审美情趣和陶冶人性的功能。程颐尝言："且如今能诗无如杜甫，如云'穿花蛱蝶深深见，点水蜻蜓款款飞'，如此闲言语道出做甚？"[3]对此叶适针锋相对批评说："'云淡风轻、傍花随柳'之趣，其与'穿花蛱蝶、点水蜻蜓'何以较重轻，而谓道在此不在彼乎！"[4]"穿花蛱蝶深深见，点水蜻蜓款款飞"，是杜甫《曲江二首》中的句子；程颐兄程颢《春日偶成》也有"云淡风轻近午天，傍花随柳过前川"之咏，故叶文援以驳论，意思说：杜甫诗跟你大哥程颢的诗都属吟咏光景，赋物写意，意趣相同并无差别，"何以较重轻（优劣）"说你大哥的诗"在道"而杜诗为不寓理的"闲言语"？语带诙谐地反将一军。

刘克庄《平湖集序》云："三百余年间，斯文大节有二：欧阳公谓昆体盛而古道衰，至水心叶公则谓洛学兴而文字坏。欧、叶皆大宗师，其论如此。"[5]洛学指程颢、程颐的学说，为朱熹所尊承。另一宋人周密《浩然斋雅谈》卷上亦云："宋之文治虽盛，然诸老率崇性理，卑艺文。朱氏主程（程颐）而抑苏（苏轼），吕氏（祖谦）《文鉴》去取多朱意，故文字多遗落者，极可惜。水心叶氏云：'洛学兴而文字坏。'至哉言乎！"[6]"诸老"指程朱派理学家。元刘壎《隐居通议·合周程欧苏之裂》所记略同："永嘉（指叶适）有言：'洛学起而文字坏。'

[1] 《叶适集》卷一七《徐道晖墓志铭》，中华书局2010年版，中册第321页。

[2] 《二程语录》卷一一，正谊堂全书本。

[3] 《二程语录》卷一一，正谊堂全书本。

[4] 叶适《习学记言序目》卷四七《皇朝文鉴一·七言律诗》，中华书局1977年版，下册第706页。

[5] 刘克庄《后村大全集》卷九八《平湖集序》，四部丛刊初编本。

[6] 周密《浩然斋雅谈》卷上，丛书集成初编第2541册。

此语当有为而发。”[1] 特意指明这句话是有针对性的。这些记述都表明，叶适认为理学家重道轻文的诗论，败坏诗风，妨碍文学的发展。刘克庄又曾概括指言当时诗坛的弊病：“近世理学兴而诗律坏，惟永嘉四灵复为言，苦吟过于郊、岛。”[2] 刘的“理学兴而诗律坏”一语，明显是接受了叶适的上述观点。显而易见，叶适鼓吹宣扬四灵的主张，同他哲学思想上的斗争是桴鼓相应的。

六、余论

叶适暮年（约六十八岁后）对晚唐体诗及四灵派的看法有所改异。嘉定十三年（1220）为刘克庄写的《题刘潜夫南岳诗稿》有云：“今四灵丧其三矣，冢钜沦没，纷唱迭吟，无复第叙，而潜夫思益新，句愈工，涉历老练，布置阔远，建大将旗鼓，非子孰当？”又说：“潜夫以谢公所薄者（按指流连光景之作）自鉴，而进于古人不已，参《雅》《颂》、轶《风》《骚》可也，何必四灵哉！”[3]《四库全书总目·云泉集》提要因谓：“叶适以乡曲之故，初力推之，久而亦觉其偏，始稍异论。”[4]

叶适倡扬四灵诗，“乡曲”自是一个因素，但非为主要者，上文论述已经说明清楚。他暮年的“异论”，分析起来，有两点原由：第一，可能觉察到晚唐体诗也存在短失和不足。这从晚年所撰《王木叔诗序》（1217）不难看出：“木叔不喜唐诗，谓其格卑而气弱。近岁唐诗方盛行，闻者皆以为疑。夫争妍斗巧，极外物之意态，唐人所长也；反求于内，不足以定其志之所止，唐人所短也。木叔之

[1] 刘壎《隐居通议》卷二，丛书集成初编第212册。

[2] 刘克庄《后村大全集》卷九八《林子勗诗序》，四部丛刊初编本。

[3] 《叶适集》卷二九《题刘潜夫南岳诗稿》，中华书局2011年版，中册第611页。

[4] 《四库全书总目》卷一六五《云泉集》，中华书局1983年版，下册第1410页。

评，其可忽诸？”[1] 其意盖谓，晚唐体诗善能模写物态，穷巧极妍，乃其所长；而内涵之意蕴欠深彻，为其所短，并非尽善尽美。第二，对四灵余派的作为颇有微词。此际，三灵逝亡，翁卷犹汲汲江湖，叶适于“冢钜沦没”，余子（四灵追随者）一味“流连光景”纷唱迭吟的状况表示了不满，认为离弃《诗经》《离骚》的传统。正如水心门人吴子良所说：“近时学者歆艳四灵，剽窃模仿，愈陋愈下，可叹也哉！”[2] 叶适有憾于此，所以发出感叹，告勉“始亦染指四灵”[3] 的刘克庄“进于古人”，参轶《骚》《雅》，而不必步趋四灵。

不过，这只是表明叶适后来的看法有所变异，是可以理解的；但吴子良据之竟谓“后人不知，反以为水心崇尚晚唐者，误也”[4]，用来否认叶适早前“取四灵晚唐体”的主张，这是将前后不同时期不同情势下的论见混为一谈，并不确切。四库馆臣说为“盖其暮年自悔之论”[5]，又为强加于人之妄测，亦不足训。

二〇二〇年十月十四日改定

[1] 《叶适集》卷一二《王木叔诗序》，中华书局2010年版，上册第221页。

[2] 《林下偶谈》卷四《四灵诗》，丛书集成初编第324册，第38页。

[3] 方回《桐江集》卷四《跋胡直内诗》，续修四库全书第1322册。

[4] 《林下偶谈》卷四《四灵诗》，丛书集成初编第324册，第38页。

[5] 《四库全书总目》卷一九五《荆溪林下偶谈》，中华书局1983年版，下册第1789页。

永嘉学派的重振复兴

◎ 洪振宁

一、重振：过程及其价值

孙衣言为什么要刊刻《永嘉丛书》，编撰《永嘉学案》，复活永嘉学派？

中国早期维新思想家冯桂芬（1809—1874）“达于经世之学”（吴大澂语），其著作被认为是“变法之萌芽”。一八六二年十一月八日（壬戌年九月十七日），曾国藩接到冯桂芬的著作《校邠庐抗议》初稿，既研读，又让人抄写，并加以推荐，曾国藩说自己读此书稿，就像在聆听叶水心的议论，“足以通难解之结，释古今之纷”。

冯桂芬与叶适，两人相距六百多年，为何曾国藩读他的书好像在听着叶适的议论？那个时代有种思潮叫作“经世致用”[1]。面对内忧外患，应对千年变局，曾国藩与他的弟子孙衣言，都认为经世学说是排忧解难的方略。尤其是孙衣言，在曾国藩的影响下，受钱泰吉的点拨，将宋代永嘉学派视为清代应对千年变局的思想资源与理论法宝，因此他以为“今日之务，以学术为急”，他坚信“学术正，则人才多，风俗美”。孙衣言用了后半辈子的四十年，来做“复活永嘉学派”这件事。

那时，宋代永嘉学派六百多年无人赓续，诸位学人的著作，六百多年中极少有人续刊，罕见的几个抄本也仅为人珍藏。孙衣言任职在外，与当时的知识精英颇有交往，他四处征访乡先生遗著，借阅抄写，恣意购求，多本互校，自一八七〇年开始，刊刻

[1] 晚清经世致用思潮兴起的标志是1826年《皇朝经世文编》的问世。该书由贺长龄主持，魏源编辑，全书140卷，汇编收入702人共计2236篇文章。这是当时知识界提倡经世致用风气的开篇。经世思想家们以忧国忧民之情，批判现实社会的积弊沉疴，倡言变革，追求新知，魏源还提出了“师夷长技以制夷”的思想。至清末，《皇朝经世文编》有续编、三编、四编、五编、新编、新续编等，有力地推动了晚清经世思潮的兴起、延续和发展。其中《皇朝经世文三编》，收入陈虬文《创设议院以通下情》《变通交钞以齐风俗》《大开宾馆以收人才》等17篇。

《水心别集》，第二年得到李鸿章赞助刊刻薛季宣《浪语集》，至一八八二年刊刻《水心文集》，一八八四年将手校本《习学记言序目》交给黄体芳在江阴刊刻，用了十五年的时间，共刊刻《永嘉丛书》十六种三百零三卷。一八八七年，孙衣言给在广东的张之洞写信，说到还有多种著作未刊，信中列举戴栩《浣川集》等五种，请求帮助。

孙衣言又用了十八年时间，梳理温州学术发展脉络，编辑《永嘉学案》，以后扩充并更名为《瓯海轶闻》，共五十八卷，其中甲集《永嘉学术》二十一卷，约三十八万字，是全书的精要所在，概述宋代温州学术的主干“务通经以致之用”的经制之学，即永嘉学派；又搜集相关史料，辑编《永嘉集》内外编七十四卷，还与孙锵鸣分工撰写周行己、郑伯熊、陈傅良、叶适的年谱。永嘉学派在中国学术思想史上的地位，当是晚清刊刻的《宋元学案》所确立，但定名并细化而深入地阐述并使之“复活”的，是瑞安孙氏兄弟与孙家父子的功劳。孙衣言又创办诒善祠塾，在家乡培养了一批经世之才，其中规定学生要读永嘉学派诸位学人的著作。一八八八年建筑玉海楼藏书，特色是乡邦文献的藏存保护，并向乡里后生开放。曾经在诒善祠塾读过书的宋恕评论永嘉学派的重振复活：“天荒首破，曙光乃来”，“于是温人始知有永嘉之学”。

永嘉学派的清代重振，使得中国传统实事求是精神和近代科学的经验方法之间，在一个地区架起了桥梁。近代温州现代性的不断生成，与千年变局、与外来文化有关，但又以永嘉学派的重振为起点。或者说，温州学人将本土的永嘉学派的思想与精神，作为嫁接现代性生长的“根”，与力求民生改善的思潮、与引进的先进文化相互结合。

二、变局与重振相伴

与此同时，近代温州地理位置的变化，特别需要我们注意。古代温州，除了南宋半个朝代靠近京城外，一直处于中国经济政治文化的边缘。五口通商以后，中国东南沿海被迫对外开放，沿海城市日益成为促进内陆变革的重要因素，近代温州，开埠虽然比上海、广州、厦门等城市迟三十多年，但与这几个沿海城市一样，处于接受外来辐射的前沿之一，温州，由边缘转变为前沿，所处的格局变了，加上温州人十分努力，通过近代时期的改革开放，逐步推进了早期现代化的建设。

如果说，孙衣言等一代人主要是从内部发掘传统，寻找应对变局的思想资源，那么，一大批陆续走出家乡、走出国门的留学生，更能以务实的精神，开眼看世界，深入思考“求富图强”的实践问题，并把探索社会问题答案的方向转到向外国寻求知识。晚清的温州人黄庆澄，就是其中优秀的一位，他是孙衣言的再传弟子，杨镜澄、金鸣昌的学生。杨镜澄、金鸣昌与孙诒让一起，曾经在温州城区创办了近代中国最早的化学专门学堂。开眼看世界的知识人，往往成为推动知识与社会转型的中坚力量。

孙衣言之后的温州学人陈虬、宋恕、黄绍箕、孙诒让、陈黻宸、金鸣昌等人，探路在前，继承清初浙东学术与颜李学说的经世传统，特别是从维新思想家冯桂芬的著作中得到启示并汲取营养与力量，他们力图将传统的通经致用，变成当时变革维新的思想资源。他们将这一地区的文化遗产，逐步转变为活的文化。一批先进的知识人积极主张变法维新，探索致富图强之路，兴办学堂，创办报刊，翻译著作，传播新文化，一大批温州人留学海外，回国后，研探近代科学，传播科技知识，推动新农业与工商实业的发展，把“经世致用”落实到变革与建设的实践中，与当时先进的知识人一起，推动近代中国知识与制度的转型，推动民主与科学在温州乃至部分城市的落实。

三、重振并构建新复合体

认真说起来，孙衣言之后而得以重振的永嘉学派，已经不是宋代时期的永嘉学派，而是应对千年变局，通过开新与建构，拓展为一种近代的新的学说，新学说在务实精神的基础上构建，不仅融合颜李学派的务实精神，冯桂芬等人的变法维新思想，最重要的是构建知识人开眼看世界，借鉴、汲取并融入了西方先进文明，是一种新的复合体。嫁接进来的并得以生长的最重要的是现代性，以永嘉学派的重振为起点。温州人的探路在前，更重要的是在近代时期推进的改革与建设。

重振，不是回归，也回归不了，某种意义上说，不是复兴，而是重建，是一种新的生长，近代温州文化获得的是有“根”的新的生长，根并不等于新生长的树。近代温州人艰苦奋斗，探路在前，取得三个领先：学术领先，教育领先，科研与科普、接受先进文化也较为领先。在近现代温州，崇尚务实创新、注重民生改善，逐渐成为一种社会思潮与区域文化。我在《探路者的品格》(刊《温州人》杂志二〇二〇年第七期）有所揭示。

文化，分为制度性文化与非制度性文化，非制度性文化如风俗习惯等，所称的“小文化”，全球各地的这种文化可能没有高低之分，需要相互尊重，并予以保护；但制度性文化，就有先进与落后之分，近代温州重振的新的学说，实际上是属于近代新文明的一部分，高于古代文明。[1]试着想想，如果说永嘉学派在宋代是先进的理论，那么，六七百年后，在近代应对千年变局，这一学说，能解决新的时代的新的难题吗？

开放，也有利于“开新”。有学者认为：宋明时期的儒学，一种是“守成”的，如程朱理学，一种是“开新”的，如永嘉学派（黄玉顺《论“重写儒学史”与“儒学现代化版本”问题》，刊《现代哲学》二〇一五年第二期）。我们正再次面临大变局，包括永嘉学派在内的温州学术，需要接续“开新”的品格，在现代化的推进中，通过创新，继续进行现代转型。儒学复兴的大方向是走向现代性。永嘉学派作为优秀的传统文化的一部分，也要推动其创造性转化与创新性发展。宋代建立的是倡导通经致用的永嘉学派本体，清代重振的是作为应对变局的思想资源的永嘉学派，当代温州，需要经过艰苦

[1] 参阅袁伟时《大国兴衰之五大枢机》，载《南风窗》2004 年第一期。

的探索，继续推进学术繁荣。“开新”到哪里？通过新的时代的学术创新与文化建设，一是继续深化温州研究，直至建立“温州学”；二是创立温州学派，即新永嘉学派。[1]

[1] 参阅洪振宁《深化永嘉学派研究的建议》，刊《温州日报》2019 年 8 月 5 日理论版。

永嘉学派和新时代温州人精神

◎ 孙邦金

今天我们在此纪念永嘉先贤叶适诞辰八百七十周年。叶适作为一个思想家、哲学家，我们要从以叶适为代表的永嘉先贤身上学习什么哲学和思想呢？这是首先要搞清的问题。在我看来，温州在历史上有两个高光时段，一个是孕育了永嘉学派的南宋温州，一个是催生了温州模式的当代温州。在温州的前世今生之间，永嘉学派和温州人的精神一以贯之，并且随着温州人四海为家而走向世界。“历史是最好的教科书”，温州人生生不息、一脉相承的精神和文化自信，是我们续写创新史的更深沉、更基础、更持久的力量。这也许就是我们今天要纪念叶适诞辰的初衷吧。

今天我准备从永嘉学派和温州人精神的关联角度，谈谈我对新时代温州人精神的一些粗浅思考。

一、永嘉学派与温州人精神的最初提炼和哲学升华

有不少温州人认为，当初没啥文化能也赚大钱，不知道永嘉学派为何物，事业照样做得风生水起，这与温州、温州人有啥关系呢？这种认识是很肤浅的。道理很简单：你不知道，不代表你不受影响；你没上过大学，也不代表你没有知识，不爱学习。说你是温州人，不是说你长得像温州人，也不是说你生长在温州，最最重要的是你处处体现着温州人的文化，为人处世、待人接物的风俗习惯、心理积习、行为方式和价值观念等地方性知识。温州地方性知识其核心要素其实就是温州人的精神。如果说一两个温州人成功可能是偶然，一大群温州人成功就是必然。温州人身上有一股子劲儿：敢想事，会做事，能成事。也许这就是我们今天要讲的温州人精神吧。

那么，第一个问题，温州人精神从哪里来呢？追根溯源，温州人精神是温州人为了应对自然环境而闯荡出来的生聚教训和经验智慧。每一个地方的人，都有一套哪里好吃、哪里好玩以及该如何做人处事的地方性知识。但这些日用常行而不知的生活智慧，往往是

零散的、生活化的、不自觉的集体无意识或者“默会知识”。温州很有幸，到了南宋温州经济、政治和文化都发展到一个前所未有的高度时，薛季宣、陈傅良、叶适等温州人都跟哲学谈起了恋爱，第一次从哲学的层面总结、升华并说明了温州人精神的实质内涵，这是温州人走向文化自觉的标志性事件。要知道，在偌大的中国，拥有自己一套哲学的地方（地级市）其实并不多见。永嘉学派的出现，标志着温州人有了一套稳定有效的心理积习，标志着温州人思想走向成熟。

这也就是说，永嘉学派是从温州这片土地中长出来的，是从温州人的生存智慧中总结提炼出来的。不是先有了永嘉学派才有了温州人的生意经，而是先有了温州人的生意经才有了永嘉学派。当然，有了永嘉学派之后，温州人思想观念从自发走向自觉，更加坚定了自己的文化认同和文化自信，又反过来强化了温州人敢为人先、勇立潮头的精神动力。

二、温州人精神的核心内涵

第二个问题，温州人精神的内涵又是什么呢？有人说，正是有了永嘉之学这门教人赚钱的学问，因此温州人才那么会做生意。这恐怕是对永嘉学派最常见的误解了。要知道，君子爱财，取之有道，爱钱并不代表有钱。古今中外恐怕没有人不想多赚些钱，但多数人并没有赚到多少钱，这表明爱钱并不是有钱的理由，起码不是主要的理由。准确地讲，除了想赚钱的强烈欲望推动之外，更重要的是遵从什么样的思想观念、利用何种生产方式、采取何种经济政策和社会制度来实现这种欲望。这些与发财欲望没有直接关系的思想才是永嘉学派更为重要的东西，才是温州人有一套的奥秘之所在。具体说来，主要有以下四点：

第一，事上理会，务实创新——空谈误国、实干兴邦的道理。

南宋时江西陆九渊心学、福建朱熹理学，与浙学（包括永嘉经制之学）三足鼎立。也许是温州人的生存环境太艰苦，没有时间和精力去高谈阔论天命、人道、心性情才等抽象概念。薛季宣说“今之异端，言道而不及物”，“语道乃不及事”，直指心学和理学空谈误事；叶适不无类似地说“善为国者，务实不务虚”，认为应该更注重“事上理会”的实际学问。黄宗羲在《宋元学案》中总结得很到位：“永嘉之学，教人就事上理会，步步着实，言之必使可行，足以开物成务。”在温州人看来，理论要联系实际，要能够解决实际问题才行；反之，背离人们实践经验的理论就要有勇气去改变它。

邓小平一九九二年南方讲话中的一段话：“不搞争论，是我的一个发明。不争论是为了争取时间干，一争论就复杂了，把时间都争掉了，什么也干不成。不争论，大胆地试，大胆地闯，农村改革是如此,城市改革也应如此。”习近平总书记当年考察温州时也指出：“温州在外界争论中出名，在内部不争论中发展。”这应算是温州人走南闯北、埋头苦干、不爱争论、敢为人先，坚持事上理会、务实创新的最佳注脚吧。

第二，因地制宜，工商皆本——无工不富、无商不活的道理。

温州“利兼水陆，推为沃壤”（顾祖禹语），说温州山清水秀、人杰地灵一点也不算过论，但是在农业时代，其七山二水一分田的自然条件，则是制约温州发展的最大短板。人地关系十分紧张，农业基础薄弱，靠务农维持生计都有困难，更不要说追求美好生活了。北宋温州知州吴泳主政温州时，不无感慨地说：“海物虽繁而地产薄，舶船欲聚而国力贫。考之职方，参之里谚，乃知总一岁所收，不敌浙西一邑之赋；举全州尽熟，不如苏、湖一顿粥。”面对这样惨淡的现实，温州人因地制宜、扬长避短，利用其通海之便选择从事手工、商贸业，就成为温州人为数不多的谋生之路。改革开放以来“温商”名闻天下，“小商品，大市场”的温州模式取得了成功，其实与温州自古以来“其人多贾”“民生多务于贸迁”的传统是分不开的。相对于无农不稳、安分守己的农本思维，温州人更能够深切体味出无工不富、无商不活的道理。因此爱折腾、不安分，似乎对于以农为本的经济政策天生有种免疫力。这种生存选择反映到经济思维和哲学理论上时，就是叶适等人“工商皆本”的思想。叶适在《习学记言序目》中说：“通商惠工，以国家之力扶持商贾，流通货币。……夫四民（士农工商）交致其用而后治化兴，抑末厚本，非正论也。”只有“四民”（士农工商）相互配合、互通有无，才能搞活经济、改善民生、富国强兵。国家如其一味地为了重视农业而抑制工商业，诚不如“通商惠工”，大力扶持工商业发展，多管齐下，才能长治久安。温州人的成功，与他们做生意习惯成自然，与他们长期形成的重商主义文化基因显然是密不可分的。

第三，以利和义，义利并举——经济与道德良性互动的道理。

永嘉学派讲工商皆本，温州人重商并没有错，可是商人唯利是图的形象却使得温州人饱受道德争议。好像温州人一直以来除了赚钱就不讲别的，不讲道德，没有文化。朱熹当年批评“江西之学只是禅，浙学却专是功利”，“若永嘉、永康之说，大不成学问”！正如朱熹所说“义利之说乃儒者第一义”，在中国人非常重视的义利关系——经济与道德的关系问题上，永嘉学派主张以利和义，不以义抑利，当时与强调道德的哲学思潮产生了分歧。薛季宣说：“惟知利者为义之和，而后可与共论生财之道。”（《浪语集 · 大学辨》）这里的以利和义之“和”，是说经济发展是道德提升不可缺少的前提条件。“既无功利，则道义者乃无用之虚语耳”（《习学记言序目》卷二十三《汉书三·列传》），叶适这句话用马克思主义原理来解释，就是物质决定意识、经济基础决定上层建筑的意思。当然，温州人也很清楚，缺少了道德的血液，经济发展就会沦为贪婪、分赃和争斗的悲剧。而且经济越发达，越要讲道德，两者相辅相成、缺一不可。

准确地讲，永嘉学派当年之所以大谈以利和义和制度创新，较少谈天命人道、心性道德，这是有特殊时代背景的，是针对当时心学与理学高谈义理、不切实际的偏颇有感而发的。永嘉学派完整的主张其实是崇义养利 / 义利并举，求大义于公利公益事业之中，力求道德与经济的平衡发展和良性互动。认为温州人只谈钱，不讲道德，绝对是一个误解。我们可以从温州的红日亭、兰小草，遍地可见的老人亭、伏茶点，疫情防控期间“硬核包机”“史上最长单人行李托运单”等善举中充分看出这一点。应该说，温州人对于整个儒学公私、义利之辩以及发展经济上有着出人意表的贡献，而爱国爱乡、急公好义同样也敢为人先、不落人后。

第四，民自为生，藏富于民——依靠群众、自力更生的道理。

《老子》第五十七章有曰:“天下多忌讳，而民弥贫。”自由开放的社会政策环境，尊重民众对于美好生活的向往和追求权利，这很重要。温州人精神中最可贵的就是不等、不靠、不要的艰苦奋斗、自力更生精神。温州素称民营经济的大本营和发祥地，而民营经济的核心是“民”，具体包括:(一）尊重人们对美好生活的向往和追求的“民生”理念;(二）相信和依赖群众主体力量的“民本”思维;(三）充分发挥民间和市场力量的“民营”理念等。南宋郑伯谦在《太平经国之书》卷三《养民》中说过一段极其耐人寻味的话:“先王以民为生，后世则民自为生，生于今世，民无以为生矣。……不听其自为生，而至于无以为生，民病则极矣。”与郑伯谦推许“民自为生”的观点相应，叶适提出了“民以自利”的说法:“夫山泽之利，三代虽不以与民，而亦未尝禁民以自利也。”用晚清宋恕的话来说，就是“极力求富，藏之与民”，充分发挥民众自主创造财富的巨大潜力，只有民富才能国强。上世纪八十年代初的“四千精神”(走遍千山万水、讲尽千言万语、想尽千方百计、历尽千辛万苦)，九十年代初的“四自精神”(自主改革，自担风险，自强不息，自主发展)，无一不体现了温州人“自以为生”、自力更生——靠人不如靠己的精神气概。过去，诸如温州机场、金温铁路，还有温州大学，都是温州人自己集资建起来的;未来，新时代温州愿景也要由温州人自己来书写。

习近平同志在浙江工作期间来温州调研时指出，温州经济是一种“老百姓经济”。二〇一五年，他又说:“中国梦是人民的梦，必须同中国人民对美好生活的向往结合起来才能取得成功。”相信只要以人民为中心，解放人民群众向往和追求美好生活的动力、潜力，重塑自下而上的改革动力，放手发动群众去创造美好生活，激发民众自主创业创新活力，做有限有为有效政府，打造民营经济标杆城市，一定能够续写温州创新史，再创温州新辉煌。

三、为温州人精神注入时代内涵

第三个问题，温州人精神应该注入哪些时代内涵呢？今天温州的发展碰到了不少困难和挑战，其中最危险的是精神懈怠和丧失信心。相比较南宋温州在当时全国的重要地位，今天的温州其实还有很大的发展空间；我们过去披荆斩棘一路走来，也没有理由悲观失望。在建设“重要窗口”的今天，面对新形势和新机遇，“敢为人先，特别能创业创新”的温州人精神还需要注入追求卓越、守正出新、富于创造、大气包容、美美与共、奋斗奋进等时代内涵。其中，个人认为，最迫切的是以下三个方面的内涵：

一是开放。与传统晋商、徽商面对外来挑战而一蹶不振不同的是，什么时候闭关锁国，温州经济社会和文化发展就一落千丈；什么时候开放搞活，温州经济社会和文化就顺势增长。对于适宜并擅长工商业的温州人来说，开放的社会经济环境至关重要。习近平总书记曾指出：“我希望温州要总结经验，抢抓机遇，发挥优势，加快走出去步伐，不但成为‘本土的温州’‘全国的温州’，更要发展成为‘世界的温州’。”温州未来的发展，必须面向国内和国际两个市场，以更大的开放力度（包括对内对外）应对全球化的挑战，打造国际化商贸名城。

二是创新。温州人以其敢为人先的勇气，创造了诸多“中国第一”，温州当之无愧地成为改革开放的先行地之一。历史告诉我们，“改革开放是决定当代中国命运的关键一招，也是决定实现‘两个一百年’奋斗目标、实现中华民族伟大复兴的关键一招”。只有继续通过全面深化改革，创新治理体系，提升治理能力，释放创新红利，才能推动新一轮区域经济社会转型升级。尤其是在智慧经济迅猛发展的当下，需要把“敢为天下先”的温州人精神与“勇攀最高峰”的科学家精神融合在一起，在原有万众创业基础之上，强化科技创新和文化创意能力建设，使其成为温州新一轮人才集聚和产业变革的强大引擎。

三是重教。在经济社会更高水平的发展阶段，人才的重要性越来越突显。只有重视教育，用最优秀的人教出更优秀的人才。南宋“温多士，为东南最”（真德秀语），读书人比例和进士人数全国领先。清代永嘉陈遇春发起的文成会（类似于今天的民间教育基金会），孙诒让主持的温处学务处等，温州人在兴学育人事业上全身心投入，一时间社会风气为之一变。晚清权臣李鸿章对温州人孙锵鸣自称“门下士”，从中可见温州文化人朋友圈的影响力。瑞安孙氏甚至规定“每年计俸所入，捐其二成充入祠中公项”，以此“提喝后学，兴起功名”（《诒善祠塾课约》）。相较之下，当下不少温州人潜意识里或多或少还遗存着没文化也能赚大钱的错误观念。新时代温州人迫切需要更加自觉地认识到教育和文化对于经济社会发展的内在长久的支撑作用，加大对文化教育事业的投入力度。

习近平总书记指出：“文化是一个国家、一个民族的灵魂。文化兴国运兴，文化强民族强。”只有创造性转化叶适等永嘉先贤的思想遗产，坚定温州人的文化自信，激扬新时代温州人的精神，在更高水平上实现经济、社会和文化资本的良性互动，才是温州和温州人行稳致远的长久之道。

叶适思想的现代价值

◎ 孙金波

党的十八大以来，习近平高度重视文化自信，提出了新的时代课题，在“四个自信”中，文化自信是更基础、更广泛、更深厚的自信，是更基本、更深沉、更持久的力量。文化作为一个社会的价值观、心态、信仰、行为方式和风俗的总和，是社会发展的内驱力和先导。不同地区由于民众的历代生活、重复实践，进而世代累积成具有地域特色的大传统和小传统，它们往往作为文化原型发挥其特殊作用，影响人们文化心理和性格生成，积淀为该地区社会发展的思想基础、精神支撑和灵魂依托，并最终固化为文化传统，地域文化传统是区域经济发展的持久内生力。需要形成文化认同，认同地域文化，能产生普遍的群体认同感和归属感。温州正处在跨越发展的关键时期，定位的跃升、经济的跨越、城市的蜕变，需要文化引领。

温州是一个富有深厚历史文化底蕴的城市，其文脉自东瓯国始，历经东晋时期的文化融合、隋唐时期的佛教发展，直至两宋时期方在学术界引起更多重视，尽管可能以一种被正统批判的姿态出现。明清时期基本上以传播和延续正统理学为主，晚清之际，面临百年未有之大变局，则学界对永嘉学派有自觉承续之意。历史上的永嘉学派曾经与理学对峙而一度形成了“鼎足而三”的局面，但之后由于朱熹弟子在温州地区的细密耕耘，使得永嘉学派衰落而被理学风气所笼罩。尽管如此，永嘉学派尤其是叶适的思想对后世仍然产生了极大的影响。每当社会发生重大变革的时期，有识之士往往自觉地选择注重研究实际问题、注重事功的永嘉学派作为纠正时弊的有力武器。

以叶适为集大成者的永嘉学派，具有鲜明的地域文化特征，有其自己的产生土壤，其主导精神沉淀于温州文化之中，成为一种文化基因，也如种子，一旦遇到合适的环境便会发芽结果。叶适思想至今仍然能够贡献给当今时代，为时代提供多维度借鉴意义。

一、叶适思想产生于商品经济发达的土壤之中

马克思主义认为，任何一种思想体系的产生，其根源和动力一定深藏于社会的经济关系之中。南宋时期，东南沿海地区商业经济发达，在商品经济发展中要求人们不但要重视动机而且必须重视结果，讲究实用和务实，这是形成事功思想的客观物质基础。正如冯友兰先生所说:“在南宋时期，沿海一带对外贸易很活跃，商人的地位提高了，陈亮、叶适等功利派也发出了重商的言论。……这是中国封建社会开始发生动摇的信息。”

叶适生活在南宋高宗、孝宗、光宗、宁宗时期。宋室南迁之后，浙江便成为全国的政治、文化中心。钱塘地区“自古繁华”，人们用“市列珠玑，户盈罗绮”来形容这种景象。农业和手工业这两种主要的部门中出现的新的经济说明南宋时期江南地区经济的活跃状况。温州具有丰富的农产品与木材、矿藏、海产等资源，为温州的手工业发展提供了物质基础。陶瓷业、丝织业中出现了详细的专业分工。在北宋绍圣二年（1095），温州知州杨蟠有诗描写当时当地的繁荣，诗曰:“一片繁华海上头，从来唤作小杭州。”商贾多、集市多。当时本地的农产品大多数已经商品化，著名的有瓯柑。城市和乡村商品经济的发展促进了对外贸易的交流。许多特产如漆器、瓷器、丝织品大多由水路运往海外。政府在当地成立了专门管理对外贸易的机构——市舶务、待贤驿等。经济思想是经济关系在人们头脑中的反映，而且只有在某种经济关系发展到了一定程度的条件下才能通过思想表现出来。尽管南宋政权危机重重，但是江南地区的经济发展仍然迅速，其中商品经济的因子尤其活跃。参加商品经营的地主逐渐增加，出现了各种新的经济关系。经济实力的增强使这些“工商业者”阶层迫切需要代表自己阶层利益和反映愿望的理论，永嘉事功学派就是顺应这种潮流和需要而产生的。前代永嘉学者关于经济方面的思想已经很丰富，如薛季宣就被当时学者称颂为“于田赋、兵制、地形、水利，甚下功夫，眼前殊少见其比”。陈傅良继薛氏之学“尤号精密，民

病某政，国厌某法，铢称镒数”。郑伯谦曾有著名的经济专著留于后世。永嘉经济之学先行者的思想为叶适的经济思想奠定了基础。

二、叶适思想具有现代价值

黄宗羲对叶适的思想看得最为真切和精当，他说：“永嘉之学，教人就事上理会，步步著实，言之必使可行，足以开物成务。盖亦鉴一种闭眉合眼，朦瞳精神，自附道学者，于古今事物之变，不知为何等也。夫岂不自然？而驯致其道，以计较亿度之私，蔽其大中至正之则，进利害而退是非，与刑名之学，殊途同归矣！此在心术，轻重不过一铢，茫乎其难辩也。”叶适是永嘉学派的集大成者，其学最大特色在于明确提出“义理与事功”不分，义理与事功合一、不容割裂。他说：“既无功利，则道义者乃无用之虚语尔。”与当时那种自附于道学之士“语道乃不及事”“不知事功之为何物”的假道学形成鲜明对比。这是叶适所有思想在哲学上的集中体现，也是其学术本体。在此本体之上，叶适提出许多具有前瞻性的思考，也对后人影响深远。

新义利观 针对传统的“重义轻利”“贵义贱利”“以义抑利”的价值观，叶适予以反对，提出了著名的反传统的“以利和义”观点，以功利来统一仁义与事功。“利”不仅与“义”不矛盾，而且是“义”的基础，完全不同于将“义”置于首位或要求以符合“义”的规范来取“利”的要求。叶适对义利关系不同于传统思想的解决，为人们开出了一个解决传统价值观问题的新境界。叶适的义利观不同于前人，也超越了同代的理学家，具体而言是在人们模糊义与利之间关系或者难以做出判断的时候，明确提出了“以利和义”的口号，鲜明地树起了功利主义旗帜。在叶适的义利思想中有机整合了义与利的关系，有着明显的事功倾向，为人们认识儒家传统的义利关系提供了一种新思路，在义利关系思想发展的链条上加入了新的内容。叶适强调利的重要但并非不言义，而是主张把义理与功利结合起来。“仁义”以功利为基础，谈功利、讲事功从未离开道义、离开百姓之公利。在叶适的义利思想中体现了事功学派的兼容性和开放性，因为其中既强调了利的重要性，又分析了利与害、公利与私利的分别；既突出了事功，又未摒弃义理的作用；既有理论上的深刻性，又具有极强的可实践性。

重视商业、许民求富 叶适强调致富，“‘崇高莫大乎富贵’，是以富贵为主，至权与道德并称，《书》《诗》何尝有此义？学者不可从也；从之，则富贵不足以成道德，而终至于灭道德矣”。富贵、财富并非全部，人们在追求富贵的同时要注重道德的限制和调节作用，这也具有创新性；叶适还创造出具有早期慈善意味的“安人之法”，在修己已至“达道”和“正身”之后便应去安人，帮助亲族。在叶适的商业思想中还有丰富的“理财”思想。传统时代的经济问题中财政是关键，由于“讳言财利”，连大张旗鼓变法理财的王安石都小心谨慎地避“言利”“聚敛”之名。叶适详细分析了“理财”与“聚敛”的区别，要求圣君贤臣都应善于理财，这是很杰出的思想。

在我国历史上，永嘉学派代表人物叶适首次提出剥削雇工是合理的观点。在《水心别集》卷三中，叶适认为：“盖富人之所以善役使贫弱者，操其衣食之柄也。使其尽衣食之欤？则力费称而无名；使其拒而费之衣食欤？则柄失而势衰。是故使之以事而效其食，或汲或负，或筑或锄，则其力之费任者，虽饥且死，不敢食矣。”叶适在这里强调以“事”受“食”的雇佣关系，承认雇佣劳动的合理，认为不劳动或不胜任劳动者，则“虽饥且死，不敢食矣”。

重实践、倡导有为 针对当时程朱理学的空谈，叶适的事功思想却是本着解决实际问题的宗旨提出的。永嘉学派明确反对空谈义理心性，而注重研究救国救民的根本问题，重视实际问题的解决，提倡事功。叶适批评朱熹的心性理论，倡导务实的经世思想。叶适的理论，从哲学基础到经学史学思想无不是以务实为出发点，“务实不务虚”正是永嘉学派的一个突出特点。这为人们敢于从实际出发，不受空谈理论的束缚提供了理论依据。叶适判断《彖》《象》二篇为孔子所著。叶适推崇《彖》《象》二篇，更重要的原因在于其中所蕴涵的崇尚阳刚的精神。在《彖》《象》篇中反映了刚健有为、自强不息的儒家精神，叶适认为这种精神才符合孔子的思想特点，因此重视此二篇。当然，叶适的判断以及得出的结论也许有偏颇，但意义在于他的主观取（九）舍（七）的目的在于张扬其经世救国的一贯之旨，所以其结论是否正确的意义远远逊于其为学宗旨。而后者正是朱熹等正统理学家思想中比重比较少的部分。牟宗三先生指出："历来敢对程朱内圣道统提出质疑者，如明末顾亭林、颜元、李塨等人，实皆不及叶水心之勇敢与一贯，并曾子、子思、孟子、《易传》而一起皆反之也。"何格恩也认为，叶适的学说"不囿于程朱之义理，汉唐之注疏，超越曾子、子思，稽合孔子之本统。苦心孤诣，卓见特识，有足多者"。叶适对经典进行有理有据的分析，以明圣人之言，复孔子之原意，目的在于反对理学之空疏而欲以经世之学代替性命之空谈，委婉曲折地表达自己崇实黜虚的思想。

三、叶适思想赋能现代温州发展

习近平总书记曾鼓励我们，温州作为国家和省多项改革的"试验区"，是个敢于创新、善于创新的地方，是个能出经验、出好经验的地方。他希望温州把这部创新史继续写下去，探索新的规律，创造新的业绩，写出好的经验，为全省带好头，也为全国做示范。温州成为改革开放的急先锋，成为中国市场经济的先发地区，绝对不是偶然的，与永嘉学派有着"源"与"流"的关系。永嘉学派是温州经济社会发展的文化基因。时代精神与传统文化息息相关，传统文化为其提供了巨大动力。正是在宋元时期酝酿成形的永嘉学派，尤其是叶适的创新思想奠定了当地文化传统，融入了温州人的血液，才使得现在温州的商品经济发展蓬勃有生气，而且还将对温州经济发生着持续的影响。永嘉学派为温州人的创新精神提供了直接的思想文化资源，为温州人精神提供了独具魅力的养料。

以叶适为代表的永嘉学派作为文化基因，沉潜于百姓日用之中，形成一种集体无意识，也成为温州人群体的文化符号。温州人群体具有的特质，即温州人精神在一定程度上是叶适思想对现代温州影响的产物。温州人精神、温州模式、温州现象、温州创造均可以从文化的深层中找到动力源。

一是道义与功利结合，求公义、公利 。由于“以利和义”价值观体现出了直接要求便是如何对待“利”，所以温州人对利显示出明确的取向。我国改革开放初期，人们囿于传统观念不敢言利或者耻于言利。温州人却抓住了这个有利时机，秉承自古以来的重利之风，堂堂正正地去赚钱，勇于求利，善于求利。当许多地方的人们还停留在理论上的探讨而小心翼翼地求证时，温州人已经用行动在检验着理论的正确性。他们从实践中得出，社会主义是具体的，空洞的说教不能调动人们的积极性；在叶适的思想中，可以充分发现其中对人们求利的肯定。例如，鼓励人们正当的求利行为，并且提出了一些给人们提供更多就业机会的主张。这种从正面肯定物质利益重要性的思想给现代温州人求利、趋利的思想提供了历史根据。客观而言，人们求利之心是促进经济活跃的必要因素。在我们的传统观念中，人们不能直面这个问题。面对这样的事实却总是以各种隐晦的意义表现出来。叶适事功思想以及现代温州人精神却撕破这层虚伪的面纱，直接喊出了“功利”的口号。在温州人观念中确定了对利的认可，落实到行动中便有了对物质利益的强烈要求，因而也迸发出与其他地方不同的创造财富的动力。实践也证明了这群被称为“中国的犹太人”的厉害。在短短的二十几年里，温州人创造了很多的第一。当然，经济发展的过程中必然会出现一些与社会文明不协调的东西，例如，在温州市场经济发展初期出现的一系列造假、欺骗等经济行为。这是求利冲动的驱使造成的负面结果，可以说是在温州经济发展的原始积累阶段的必然现象。在叶适的思想中，就很好地解决了对人们的求利行为的限制。他主张在一定范围内的物质需求，并非无限制的单纯的求利。可贵的是，叶适的思想中对国家利益的重视，他鼓励人们求利、正视求利的最终目的在于国家的大利益，这也提供了借鉴。深受“永嘉学派”事功观、功利观影响和熏陶的温州人一直以来只惟实，不惟书，不惟上，敢闯敢冒，敢为人先，敢吃第一口，敢走第一步，终于获得了成功。他们不纠缠于那些所谓的争论而去踏踏实实地做事情，在实践中解决和证明自己的观念，并且能够在实践中寻找和国家政策的最佳结合点。不论是做企业还是在事业单位里，温州人做事情总是重“行”而非“夸夸其谈”。重视实践还表现在他们改变生活的主动性，虽然说历史上的温州人出外经商是由于资源匮乏等环境决定的，但是现在的温州人却有着强烈的主动性。这种思想资源为当代温州人离开土地寻找新的经济增长点提供了直接动力。

叶适有机地解决了道义与求利之间的关系，二者不但可以有机融合,而且可以兼顾。温州城市崛起的一个个道德地标即是如此。新冠疫情以来，温州商人群体、海外华人华侨、民间百姓，众志成城的“高温”青年就生动诠释了义与利之间的关系，为了道义、为了大义，人们可以放弃小利，放弃小我的个体之利。

二是新四民论为商业行为提供依据。针对传统的“重本轻末”“抑末厚本”的思想，叶适进行了批评，认为应该重视发展工商业，给予商人以一定的社会地位。以一种反传统的精神，纠正了历史上对工商业轻视的思想。国家对工商业应该给以扶持的态度，允许工商业者参政议政。叶适对工商业的重视开了我国历史上对“四民”地位的重新排列的先河，给予工商业这个一直被视为末业的阶层一个合法的地位。这种思想资源为当代温州人离开土地寻找新的经济增长点提供了直接动力。费孝通教授说得好:“温州人一边挣钱，一边传播着商品经济、市场经济的意识和本领。”的确如此，在外地创业的两百多万温州人，不仅是物质财富的创造者，而且是“温州模式”和温州人精神的传播者。尽管改革开放以来，国家对经商已经给出了政策，允许人们经商。但是囿于传统观念的影响，多数人还是不能离开田园。而有着经商传统的温州人早就嗅到了政策开放的味道，在多数人还未觉醒或者处于对政策的咀嚼过程中时，温州人已经背上包袱远行了。温州人因为重商，善于走南闯北，因而被称作“中国的犹太人”。他们善于抓住商机，善于把握机会，舍得投资，敢于冒风险。历代温州人的一个个创新实践，又使该特质深化与固化，并在当今时代创造出一个个传奇，这传奇在改革开放四十多年中表现尤其突出，“温州模式”一时成为引领。

三是务实经世提供了强烈的问题意识与实践指向 。叶适丰富的学术思想中最能奠定其学术路向的是他的易学，他的易学思想极其丰富，处处显示出经世的特征。与众多理学家比较，他的易学思想显示出独特的魅力。研究《易》之目的到底为何？叶适强调在于施用。叶适认为前人研究《周易》的目的或是修身或是应物以解决实际问题，“两”与“六”都是为了推究事物的变化根据，人们掌握其中的规律最终为了解决当下的问题，“所以用是道者”。叶适认为自己解《易》的用意在于：“皆因是象，用是德，修身应事，致治消患之正条目也。”叶适再次强调“所以用”的重要性，认为圣人名之曰道取的就是变易、通变的道理。古为今用，把古代经世治国的道理移为今用是合乎圣人之本意的。这与叶适一贯坚持的道义与事功密切联系的主张是相契合的。他的努力在于试图扭转当时易学研究的空疏或者纯义理的倾向。叶适直接地指出了易道的主旨在于施用，表明叶适易学具有强烈的经世特征。永嘉学派通世变、重商、重财富、重功利等均指向国家、指向公利，绝非庸俗的目的论、功利论。所有这些思想主张均来自实践要求，最终指向实践检验，实践性也是永嘉学派留给后人的精神财富。秉承永嘉学派“实事、实功”的特性，温州人精神中“务实”的内容有着一定的分量。务实对于温州人而言有着丰富的内涵和具体表现。可以说，温州人精神之中，崇尚实际、务实、求实效是其内在特质，也最能凸显温州人的特征。在改革开放之前的年代，温州已经出现了包产到户的试点。尽管人们的争论还很多，名分的问题还不能确定，但是争论归争论，行动依然在悄悄地进行着。温州人埋头苦干，不搞无谓的争论，从实际出发，走自己的路，让事实来说话。他们大力发展多种经济成分，使温州经济不断跃上新台阶。接触过温州人会觉得，他们做的行业都是别人不屑于做的，而温州人却偏偏从这些“小”中做出大的文章来。他们不怕小，不怕少，就怕赚不来钱。赚钱是他们骨子里根深蒂固的要求。温州人做生意，注重从小处着手。只要有一分钱赚，温州人都会不遗余力地去干，从不好高骛远，从不好大喜功。纽扣、标签、标牌、商标、小饰品、小玩具，这些外地人看不上、懒得做的“小玩意儿”，温州人都做。温州的小商品遍布全国，他们走的是小商品、大市场的路，即使是办企业，也不追求大气派、大产品，同样是从小处着手，填补全国小商品市场的空白点。务实、问题意识、重视实践、依靠实践检验正确与否，这些内容的实质与叶适思想主旨具有内在的一致性。

四是敢于与善于创新。叶适以及永嘉先贤对“道统”说的怀疑充分说明了永嘉事功思想中的创新精神。永嘉事功思想中的善于敢于怀疑精神鼓励着人们勇于摆脱传统观念的束缚，勇于创新。温州人创新的意识强、能力强，从不迷信任何权威，不迷信书本。当越来越多的人惊诧于这样人口众多、土地资源有限、国家投资较少的温州为何快速崛起和腾飞时，我们除了感慨其受益于改革开放和市场经济的大好环境之外，还十分明显地感触到其来自一种具有深层内涵的精神文化——温州人精神，即“敢为人先，特别能创业”的精神。善于创新，叶适还设计了慈善的具体方式，比如在乡里设立社仓，组织乡民成立乡约。社仓制度成就了民间公益组织，是人民自治的体现。而乡约更是成为广泛的乡民互助组织，它不仅起到物质上的接济作用，还具有帮助地方长官、承担地方公益、提供乡民精神慰藉的社会功能。正是叶适以及永嘉学派对事功之学的提倡，在温州地区奠定了人们重视功利、重视商业的风气。清末民初之际，温州被称为“东瓯三杰”的维新派思想家陈虬、宋恕、陈黻宸以重振永嘉学派为己任，永嘉之学再度引起人们的注意。每当社会处于风云突变、天崩地解的危急时刻，有识之士都自觉不自觉地把注重事功经世、务实、求真的永嘉学派作为自己的理论武器。

叶适以及永嘉学派奠定的商业意识、商业文化、崇尚积极有为以及强烈的问题意识、实践指向，包括其在宋代理学弥漫之际敢于怀疑传统思想观点，敢于提出新思想并付诸实践等均称为一种地域文化传统，成为百姓日用而不自知的文化动力，至今仍然发挥着影响。正当全市讨论温州人精神、温州人精神与新时代的关系等问题之际，我们有必要回到传统、溯源传统，返本开新，为当下温州经济社会发展寻求再生动力。

永嘉学派思想核心要义及其启示

◎ 张雷 祝成林 倪考梦 张扬舟

永嘉学派是培育、繁盛和流衍于温州的学术思想流派，与同时代朱熹的理学、陆九渊的心学鼎足而立，主要代表人物为薛季宣、陈傅良和叶适等。永嘉学派主张“义利并举”，其思想根植于古代温州先人的生存状态、社会环境和民生需要的一种心理观念和文化积淀，是一种强调直面现实、尊重规律和有所作为的文化传统，是现当代温州创业创新精神的源头之一。新时代温州经济社会发展，必须继承与发扬永嘉学派“义利并举”思想。

一、永嘉学派“义利并举”思想的核心要义

永嘉学派“义利并举”思想的内涵非常丰富，从历史价值和现实意义相结合的角度出发，我们梳理出其中三大核心要义：

（一）“道器不离”的务实作风

道，即无形的法则或规律；器，即有形的事物或名物制度。永嘉学派坚持“道不离器”“道器统一”，其实质是反对空谈，强调实务。永嘉学派的代表人物薛季宣反对当时理学家的空疏，离物言道，提倡讲求有关国计民生的有用之学，开启了永嘉学派“言道必就事”、学以致用的思想和学风。他认为：“上形下形，曰道曰器，道无形埒，舍器将安适哉？”道没有形体，离开器就再无安身之处。道存在于人周围的事物和日常生活中，人的日常实践就是在行道。陈傅良继承了薛季宣的主张：“形而上者谓之道，形而下者谓之器，器便有道，不是两样。”他认为，道器不可分，道是从具体事物中总结提炼出的规律、法则，道存在于器中，抽象的道唯有施之于实践才有价值。

永嘉学派坚持道器不离的务实原则，用今天的眼光来审视，也是非常可取的，与中国共产党“理论联系实际”的作风和“实事求是”的精神完全吻合。我们为之奋斗的社会主义之道，不是一种纯粹抽象而独立的存在物，判断一个社会是否属于社会主义，要看社会主

义的各项原则是否在实际社会生活中具体体现出来。改革开放以前，尽管我们天天在讲社会主义，也自以为天天在干社会主义，后来却逐渐发现，我们所维护的某些原则其实与社会主义并不相干，因而我们所预期的诸多优越性也没有充分显示出来。如果这样，社会主义的合理性就越来越作为一种纯粹抽象的理念而存在，道与器越来越被分离了。改革开放四十多年来，我们党坚持解放思想、实事求是、与时俱进，不断深化改革扩大开放，努力发展经济改善民生，国家的经济实力大幅增强，人民的生活水平迅速提升，社会主义的生机与活力在各个领域都日益明显地表现出来。于是，社会主义的道与器复归于一。这说明，道与器是不能分离的。回首温州改革开放的历史，有一个有意思的现象，一些原先带着“纠偏”任务来温州工作的干部，到温州亲身接触到本地实际，感受到群众的愿望，便会转变立场，带领温州人民沿着既定道路继续前进。因为他们清楚，温州只有如此，才能更好发展。这是正确思想来源于社会实践的生动事例，也与永嘉学派的“道器不离”思想相吻合。

（二）“以利和义”的事功精神

永嘉学派重视事功，反对空谈大义。当时主流思想为程朱理学，崇尚道德，主张“以义抑利”，存天理灭人欲，导致实践中的“义利分离”和“知行分离”，使理学的道义成为空洞的道德说教。永嘉学派则不然，反对“尊性贱欲”，主张“以利和义”。永嘉学派集大成者叶适强调“利，义之和。义，利之本”，“既无功利，则道义者乃无用之虚语尔”。永嘉学派认为人的欲望是与生俱来的，人人共有的一种心理现象，只要把它置于理性的指导与控制之下，就会成为人生进取的一种自发动力，因而是值得尊重的。一个人追求个人利益的行为如果没有侵犯他人或公众的利益，其行为便是正当的。所谓“义”，不是一味否定人对物质利益的合理追求，而是反对用不正当手段追求一己私欲。如果为了他人或公众的利益而能牺牲个人利益，其行为便达到了“义”的境界。在“明大义，求公心，图大事，立定论”的前提下，永嘉学派提出“工商皆本”口号，顺应当时社会发展的实际需要，对后世有积极的影响。

永嘉学派“以利和义”的事功思想，为温州经济社会发展带来巨大的推动作用。温州人从不以经商为耻，反而以此为荣，形成独特的地域文化特色。上世纪七十年代末，温州人敢为天下先，率先发展民营经济，成为改革开放之后最先富起来的一批人。得“利”后走出去的温州人始终牢记“义”字道理，在世界各国组建各种形式的侨团和同乡会组织，接济同乡，帮助新来者安居乐业，最终织就全球温商网络，最终又因为重义而获利，形成正向循环。国内的温商在事业有成后也不忘反哺家乡，在他们的支持下，温州出现红日亭、爱心屋和微笑联盟等诸多慈善公益机构，公益性社会组织数量全国领先。

（三）“宽民之政”的治国理念

永嘉学派代表人物大多出身社会下层，对民众疾苦感受尤深，因此他们提出“宽民之政”的治国理念。陈傅良认为，要实现复兴大业，首先要“宽民力”“结民心”，取得人民拥护。宽民之政在实践中包括三个层面：一是轻赋税。永嘉学派主张降低负担，让百姓休养生息，政府有所为有所不为。薛季宣指出“为政之急，要在戢吏仁民”。叶适呼吁“使天下速得生养之利，此天子与其群臣当汲汲为之”。二是减少管制。主张国家不应对经济生活做过多的限制性干预，实行比较自由放任的经济政策，“使民自养于中”，就能“法简而易周，力少而用博”。三是不与民争利。叶适强调“许民求富、保民之富”。富民应为政府基本原则，因为只有民富才有国富，所以政府不应与民争利，而是要藏富于民，扶助富民。永嘉学派提出的这种治理思想，与五百多年后英国经济学家亚当·斯密在《国民财富的性质和原因的研究》中提出的“国富必须民先富”的思想高度一致，足见其先进性。

与“宽民之政”思想相一致的是，温州历届市委、市政府以民为本，敢于担当，积极打造有限有为有效政府，不断激发和释放温州民间活力。在个私经济萌芽之初，温州政府不压制、不扼杀，放手让老百姓创业；在民营经济起步之后，政府不惧各种争论非议，积极为民营经济发展提供公共产品服务；在市场出现失灵之时，政府在打击假冒伪劣、加强质量管理、构建信用体系等方面积极有为，引导市场经济健康发展；二〇一八年又出台“80条新政”，积极推动民营经济高质量发展，打造“两个健康”先行区。

二、永嘉学派“义利并举”思想对新时代温州发展的启示

（一）必须提升温商思想站位，努力做好“义行天下”的文章

新时代的温商和温州企业家，不能仅仅把利润最大化作为唯一的目标。要切实增强“家国情怀”，在做好事业基础上努力实现自身社会价值的最大化，这是广大温商和温州企业家必须践行的“大义”。

一要行实业报国之义。曾经有专家比较过历史上的晋商、徽商和改革开放以来的温商，认为温商最大的特色和最大的优势是不仅仅停留在商业领域、流通领域，而是实现了以商促工、工商并举。在新时代，在中美贸易战的背景下，广大温商和温州企业家要有“以天下为己任”之心，树立“家富国富天下富”的财富观，努力破除和超越功利性迷雾，坚决克服热衷赚快钱热钱的倾向，按照打造“百年企业”要求坚定不移做强做精制造业，以发展实体经济的新飞跃、新突破来报效国家。可以这么说，企业不同于慈善，但归根结底还是最大的慈善，因为企业创造了财富、提供了就业；创新不等于爱国，但归根结底还是最大的爱国，因为创新提高了产业的竞争力，增强了国家的综合实力。

二要行共赢共富之义。当前，从个体自发到集体合作，从国内创业到国外发展，从单个企业到企业家群体，合作共赢都是企业科学发展的大趋势。真正的企业家是擅长合作的，这种合作精神已扩展到企业的每个员工、合作伙伴，甚至扩展到企业的竞争对手，变“竞争”为“竞合”。从一定意义上说，温州民营经济优势也不是单体优势，而是结构优势和组合优势，这包括民营企业之间的分工协作和组合，包括研发、制造和营销的组合以及先进制造业和有形市场的组合，也包括信息流、资金流的组合，等等。因此，新时代的温商和温州企业家要有“己欲立则立人”之心，加强大企业与中小

企业、温州企业与在外温州人企业、本土企业与域外企业之间的分工协作，努力实现合作发展、共存共荣。要深化企业内部制度创新，推广“合伙人”“内创业”等做法，最大限度地激发发展活力。

三要行履行社会责任之义。企业越发展，承担的社会责任也越大。一个具有社会责任感的企业，才能赢得社会的尊重，才可能成为社会主义市场经济的“常青树”。新时代的温商和温州企业家要有“达则兼济天下”之心，真正把履行社会责任、回报反哺社会作为一种使命，努力寻求企业发展和社会责任的最大公约数，画出社会价值最大同心圆。要做到诚信守法、环境友好、关怀职工、扶贫济困，努力把企业发展提升到一个新水平、新境界。

四要行反哺家乡之义。广大温商和温州企业家要继续发扬“富而思源、富而思进、富而思报”的优良传统，既“走出去”壮大自己，又“引进来”发展温州，通过直接回乡投资、引进优秀人才、牵线优质项目、提供有用信息、参与公益事业等各种方式投身家乡建设，开创“温州人经济”与“温州经济”融合发展的新局面。

（二）必须抢抓发展机遇，谋求新时代更多发展红利

要总结提升“走遍千山万水、讲尽千言万语、想尽千方百计、历尽千辛万苦”的精神，大力倡导“千方百计提升品牌、千方百计扩展市场、千方百计自主创新、千方百计改善管理”，进一步推进温州企业和产业转型升级，在新时代谋求更大的发展红利。

一要谋创新发展之利。创新能力是竞争力的核心，是一个企业兴旺发达的决定性因素。广大温商和温州企业家要有“创新是华山一条路”的认识，以“哪壶不开提哪壶”的执着和“十年磨一剑”的定力全面推进创新发展。要通过技术创新、管理创新、市场创新和商业模式创新，从“制造”的窄路里转型到“创造”的大道上，从“微笑曲线”的底端扩展到“微笑曲线”的两端，努力做到“人无我有、人有我优、人优我新”。只有这样，我们的温州企业才会更大更高更强，才能再创新的辉煌。

二要谋扩大开放之利。当前，经济全球化的趋势继续加快，国内地区间的经济合作进一步加强，长三角经济高质量一体化进程明显加快，我市民营经济开放发展面临许多机遇。要进一步推动民营企业“走出去”，建立跨国生产体系，到境外设立研发机构，进行资源开发和跨国并购，提高利用两个市场、两种资源的能力。要积极利用上海的技术优势、信息优势和区域品牌优势，进一步推动民营企业成为接轨上海、参与长三角合作与交流的主力军。

三要谋资本市场之利。资本融资是社会融资的重要方式，资本扩张是经济扩张的主要手段，资本增值是财富增加的有效途径。必须充分认识企业上市直接融资的重要性，切实把它作为推动民营经济再上新台阶的重要突破口，鼓励企业充分利用资本市场，积极争取到国内外资本市场上市或收购重组上市公司。大力开展资本经营，采取购并、联合、控股等方式实施资产重组，发展一批主业突出、创新能力强、带动作用大的大企业集团和具有较强国际竞争力的跨国公司。

（三）必须更好发挥政府作用，促进“两个健康”发展

一要按照“宽民之政”的思想，切实减轻民营企业负担。经济下行压力越大，越要做好为企业减负的文章。要进一步降低企业税费负担和企业用能、用工、物流、融资、用地成本以及涉企中介服务收费、制度性交易成本，大力支持民营企业发展壮大。

二要按照“许民求富”的思想，进一步拓宽民营企业投资领域。着眼于破解“非禁即入”难题，在市场准入、审批许可、经营运行、招投标、军民融合等方面积极打造公平竞争环境，鼓励引导民营企业、民间资本进入关键投资领域。

三要按照“保民之富”的思想，做好政府服务保障工作。按照“企业创财富、政府创环境”的理念，更好发挥政府作用，做好播洒“阳光雨露”的工作，促进民营企业和市场主体“茁壮成长”。政府既要当好“店小二”，又要当好“急郎中”，在服务和支持民营经济发展的过程中，该出手时就出手，不该出手时坚决不出手，做到“企业需要时，政府无处不在；企业不需要时，政府无声无息”。

感怀恩师杨勇先生

◎章方松

时光如水，转瞬即逝。一九九一年秋天，在雁荡与恩师杨勇先生相遇，续之相识相知交往十八年，先生笑语容颜，历历在目，先生教诲，铭记于怀。前尘往事，寄心追忆，无不思念。

庚子白露，秋意渐浓，捧读先生大著，忽而想起先生离世十三春秋。窗外凉风骤起，雨声淅沥，感思无量。于是下笔行文，追忆缅怀师恩，以释心中无限思念。

艰难求学　壮穆笃行

杨勇先生，字东波，温州永嘉上塘镇东山下人。先生出身贫寒，幼受庭训，少年随祖父读私塾，其间替人家牧牛，后在下塘第六高等小学读完小学。因青田阜山中学学费便宜，到青田勉强读初中半年后辍学。回来后，曾于本地小学任教一段时间。先生时常为茫然前途而感到迷惑，望绿嶂青峰悠云，楠溪碧水长流，如此长往，何以实现人生抱负？他先到永嘉县（永强一带）警察局当文员谋生，后来投军从戎，考入江西瑞金陆军军官学校，毕业后在国民党军队任营长。解放战争中，于天津战役，被解放军俘虏后，释放回老家永嘉。在家时，因口出狂言，被人诬告，入狱三月。

一九五一年早春，先生得表山姨妈相助戒指、手环等金银首饰，趁着深夜星光月亮，匆匆离开楠溪绿嶂，直接奔赴香港。

那年初到香港，大海漂萍，举目无亲，人地生疏，无奈中，他先到香港启德机场，在机场矿场当苦力。每天起早摸黑，抬石头，担石子，汗流满面，筋疲力尽。于艰难苦力劳作中，并不忘读书，身边随时带着《诗经》《楚辞》，有空翻阅，悟思意涵。后因矿场工人子弟需要读书，先生自告奋勇，组织孩子学习国语，并在黄大仙补习班任教国语。这样既可摆脱苦力，又有时间自学。直至一九五四年，师母从瑞安到香港，建立家庭，始得生活相对安定。一九五五年秋，得悉钱穆先生创办新亚书院，有半工半读机会，旋即报考就读。身处异地，一叶孤舟，大海浮沉，四顾茫茫，缘此机遇，自然倾力以赴，深造学习。照先生之语，从武夫转文人，此是人生重大的转机。

先生出身山里人家，能吃苦耐劳，意志坚定，选定目标，符合意愿，忍辱向上，尽心尽责去实现。在新亚书院，由于各种烦扰因素，助教就当十二年，但他从不唉声叹气，坚韧挺拔，勇猛精进。自一九五五年秋入新亚文史系，直至一九九〇年退休，三十五年春秋，从未离开新亚一步。每回忆此段往事，先生说靠的是定力与德业完成事业。他说，重要的是从小曾受祖父熏陶，喜欢私塾所读《孟子》一书，有着重要缘分。童年时，虽没有理解孟子思想内涵，但孟子养浩然之气，激励着他，成为无形的精神力量。后来，听钱师讲述孟子的精神意境，更为感动，激奋向上。先生说人的求学精神，需要弘毅意志。孟子对他影响很大。后来，他为启发中学生的气质与思想，特地编著《孟子译解》出版。他说编译此书目的是："孟子文章的好处，实难以尽说，单看他表达的透彻，风骨之雄健，便是空前无比。""孟子天性浑厚，姿度弘阔，思想纯正，光耀万世。"因此，他希望"除了熟读吸收他文章的神情风格之外，更要体会孟子的义理，来改变自己的气质，要服膺孟子的训诲，作为自身行事的规范"。

先生多次谈到，在新亚书院困苦求学中，每听到钱穆先生撰写的《新亚校歌》，便有一种激励的精神油然而生。特别是听到校歌第三段时，常常热泪盈眶：

手空空，无一物，路遥遥，无止境。
乱离中，流浪里，饿我体肤劳我精。
艰险我奋进，困乏我多情。
千斤担子两肩挑，趁青春，结队向前行。
珍重，珍重，这是我新亚精神。

这首歌词，是他们当时真实的生存状况与精神面貌的写照。先生说，钱先生在香港创办新亚书院，是真正的继往圣之绝学，薪火相传，是有着担当的大学人！

杨先生就读香港新亚书院中文系时，喜欢听钱先生演讲，并认真笔记。一次，钱先生发现他笔记，认真周到，突出中心，给予鼓励。此后钱穆先生到校外演讲，带他去做记录。这样可亲近钱先生，及时得到指导与教诲。

一九五九年，杨先生从香港新亚书院中文系毕业。一九六八年，他香港大学硕士毕业后，任香港中文大学中文系助教、副讲师、讲师、高级讲师、教授及台湾高雄师范大学研究所教授等职。

由于勤奋用功，恭敬师长，他为钱穆先生所器重。后来并深得伍叔傥、饶宗颐诸师的关心培植，积之饫学，持之毅力，专心致志于魏晋文化，终成研究魏晋文化大家。

乘理照物　动必研几

杨先生对魏晋文化学术研究成就丰赡，独到之处甚多。做学问，他是以人生理念与性情志趣为引导方向，一门深入，悟透一家，融通百家，举一反三，触类旁通，融会贯通，终成大家。他的学问路径，是以《世说新语》入手，开辟新境，渐入佳境，继之对陶渊明、谢灵运及《洛阳伽蓝记》等研究，均取得可观的成就。他坚持学术独立思考，从不傍依于政治。照先生的话来说，学术如傍依于政治，必将失去学术路标。此乃学人之悲哀！

《世说新语》是中国人文经典，钱穆先生说此书是中国青年十大必读经典之一。先生坚持穷一生之精力，精心思考，深入研讨。从一九六一年起至一九六八年花八年时间，搜集两百四十余种有关《世说新语》资料，搜索两百五十万余字，进行系统整理。一九六九年九月，由香港大众书局出版《世说新语校笺》。一九九〇年九月退休后，重新修订旧作数百处，新增三万余字，穷八年之力，再度完善此著。

《世说新语》是一部取材宏富、体大思精的经典大著。先生为此书校笺，网罗群籍，勾稽考复，数历寒暑，触处皆通，会心妙觉，尽探颐甄微之苦心。香港学界泰斗饶宗颐先生在其序中有语：

门人杨君东波，服膺二刘，寝馈六代，旁鸠众本，探颐甄微，纲罗古今，数易寒暑，义蕴久宣，勒成三卷。固已辨穷河豕，察及泉鱼。

国际学界名人余英时在给杨先生的信中有语：

大作《世说新语校笺》新版两册，展读之余，不胜钦佩。此书之为集大成之作，故然无疑。今年又承赐《论文集》一册，其中新作论清谈起源，原义及影响诸端，皆多卓识。

先生学术研究，与他性情有着一致性的联系。他感佩陶渊明固穷自守，坚贞不渝，观生察物，其诗平淡自然，清新绝俗，无染尘气，而为之作《陶渊明集笺》。饶宗颐先生评论其著：

杨君东波潜心陶集有年，于其年世交游既一一为之疏理，复通释全集，平亭众说，究其旨归，要而不芜，简而不啬，津津乎有以

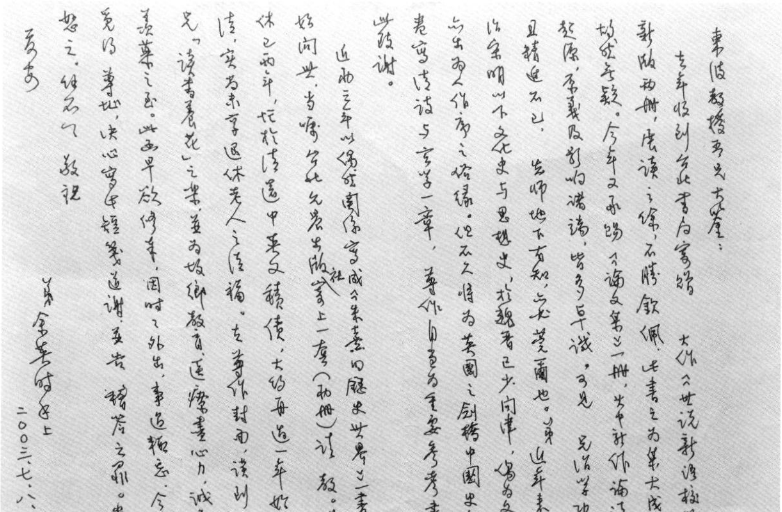
東波教授吾兄左右：
去年收到台北书局寄赠 大作《世说新语校笺》之新版两册，展读之余，不胜钦佩。此书之为集大成之作，故然无疑。今年又承赐《论文集》一册，其中新作论清谈起源，原义及影响诸端，皆多卓识，可见 兄治学功深，且精进不已。 先师地下有知，定必莞尔也。弟近年来多治宋明以下文化史与思想史，于魏晋已少问津，偶为文字，亦出为人作序之结缘。但不久将为英国之剑桥中国史六朝卷写清谈与玄学一章， 尊作自当为重要参考书，先此致谢。
近两三年以偶然因缘写成《朱熹的历史世界》之一书，今始问世，当嘱允晨出版社寄上一套（两册）请 教。弟退休已两年，忙于清还中英文积债，大约再过一年始可结清，实为未享退休老人之清福。去岁 尊作封面，读到兄「读书养花」之乐，并为故乡教育，远离尽心力，诚不胜羡慕之至。此函早欲修书，因时之外出，事过辄忘，今晚始觅得尊址，决心写信致谢，并告 稽答之罪。尚乞恕之。维希 敬祝
著安
弟余英时 拜上
二〇〇三、七、八

余英时先生给杨勇先生的信札

会渊明之趣，义风未隔，渊明素襟，或可于此旦暮求之，陶澍以来，斯为极挚。

澳大利亚国立大学柳存仁先生评说：

东波此编融会众作，体要精当，而镕裁得宜，盖其殚心于斯，已屡易寒暑矣。以言笺注之长，实在其要言不烦，简而弥善。

香港学人车柱环先生亦评说：

东波不以费精劳神为苦，遍求诸说，衡其长短，譬如披沙拣金，帷择其传真而有据者，表而出之，犹或未洽，又兼学他说补苴之，非至其无可奈何，不出己说。如东波者，可谓学人之勤且谦者也。

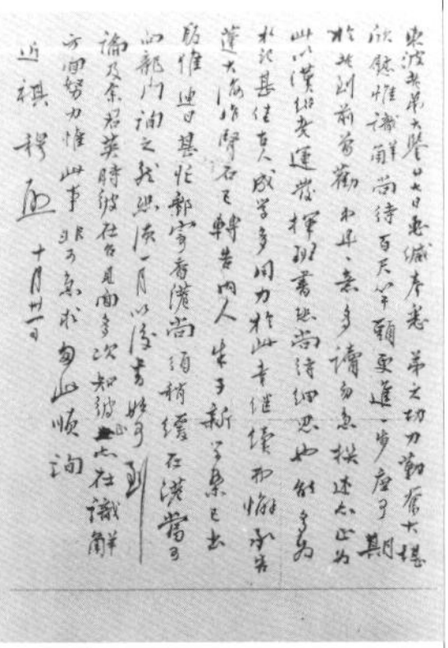

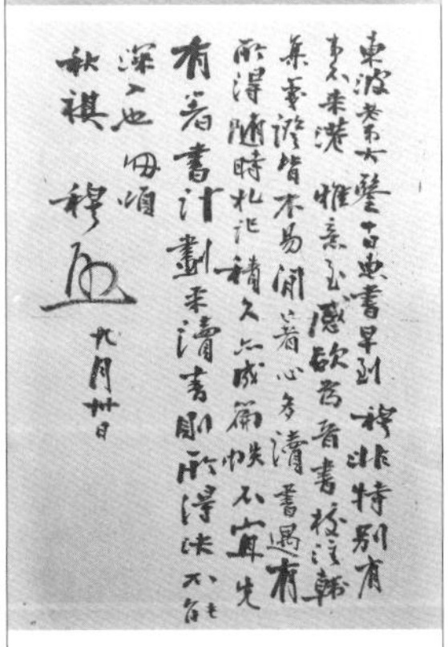

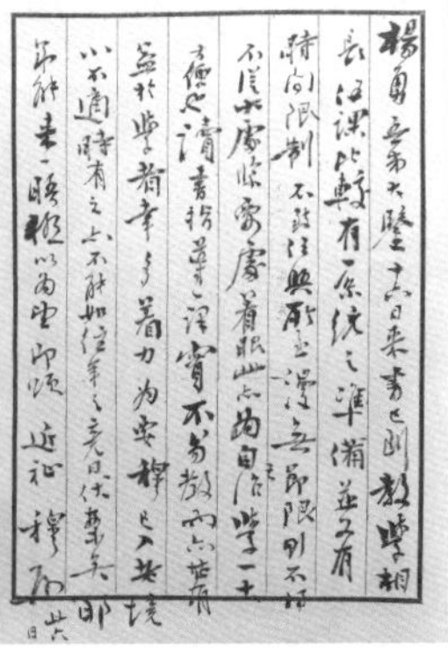

钱穆先生给杨勇先生的信札

先生童蒙就读私塾时，私塾先生曾告知，晋宋时期山水诗人谢灵运，有诗写他家乡绿嶂山的景观。先生后来从军异地或远离故乡的香港，每逢思念故乡时，便以吟诵《登永嘉绿嶂山》，消减思乡之忧。先生对我说，他常常以情感诗，吟诗应境，以释忧患，由景入境，寄托乡愁。一次，我随先生行走故乡永嘉绿嶂，他对我说，《世说新语》有语："简文入华林园，顾谓左右曰：'会心处不必在远，翳然林水，便自有濠、濮间想也，觉鸟兽禽鱼自来亲人。'"自然山水妙于感思识悟。先生对谢灵运山水诗之美，更是感应于谢康乐曾于家乡永嘉任郡守，其诗对他有着家乡自然景观与诗意审美心灵的妙识。为此深刻地激发他，深探其历史人文究竟，并深耕细作其考证《谢灵运年谱》。

杨先生一生教书著书，对魏晋文化，博识通达，深入机微，学术著作丰赡。其主要著作有《世说新语校笺》《世说新语校笺论文集》《陶渊明集校笺》《洛阳伽蓝记校笺》《杨勇学术论文集》（《谢灵运年谱》选入《杨勇学术论文集》）《孟子译解》等问世。

纵观先生的学术理路，简约概括为柳存仁先生在《世说新语校笺》再版序文所语："若《世说新语校笺》，若《陶渊明集校笺》，若《洛阳伽蓝记校笺》，皆能乘理照物，动必研几，缘事断谊，凛有规矩，固久脍炙人口。”“乘理照物”，亦含遵道宏观审视格物致知之意涵；“动必研几”，阐旨蕴意必以微观深入讨研考证之细微。先生于《清淡之起源、原义、语言特色及其影响》一文，推翻了“清谈出于清议”之旧说，建立“清议出于清谈”之新意。而《范滂传》所谓“善善欲其清”清流人之谈者，更非清谈之意也。为当代学术名公饶宗颐、柳存仁、余英时等大师所赞赏，许为“卓见”最是难得（见《杨勇学术论文集》前言）。正可为此一证。

这使我想起，先生于饶宗颐先生九十华诞的论文《论才学之兴起及其贡献》中，引用《三国志·魏书》卷二十二《钟会传》，论及王弼与何晏等言圣人因为“神明茂”，故“能体冲和以通无”之证。既知“圣人能体冲和以通无”，故圣人亦能通天矣。天人之德既可合而为一，则名教与自然之争亦得以自矣。故何晏曰：“若斯人者，可与言天人之际乎！”其言有旨哉。并以此论及钱穆论及“天人合一”说，对人类贡献的意义。由此引申而论，先生论治学静坐净思，亦是“天人合”，神识妙悟之处。可见，先生阐述如此深远，令我感思尤深。

先生做学问，博识通达，宏微互融，尤为难得。中国学术讲究博学能文，闳约深美。先生虽然人生坎坷，艰难苦斗，但坚持志道弘毅，知行合一，澄怀心静，故得学术有成，有着内在关联。怪不得先生常跟我讲：学问于积累，通博驭约，以约返博，但须坚守清净心性，博通学问。“嗜欲深者，其天机浅”（庄子语）。先生之语，为我常为思索为学意境的蕴涵。

香港相聚　师恩如海

二〇〇六年暮冬，经先生推荐，我有幸应邀参加饶公宗颐教授九十华诞活动。此活动由香港九座大学合办“学艺兼修”汉学大师饶宗颐教授九十华诞国际学术研讨会。学术活动期间，并参观香港大学饶宗颐学术馆与康乐及文化事务署及香港公共图书馆合办“走近饶宗颐”，饶宗颐学艺兼修展览。并参加潮州饶宗颐学术馆重建启幕。那次活动三百汉学名士汇聚香港中文大学，欣悦兴会，空前之举，令我大开眼界，获益颇丰。

在去香港的温州飞机场候车厅，我遇到从文成参加刘基研讨会回美国与中国香港、台湾地区的海内外学人。其中有香港理工大学朱鸿林教授、夏威夷大学成中英教授、台湾师范大学黄庆萱教授、台湾元智大学詹海云教授等。黄庆萱教授是温州平阳人，十七岁时，于一九四七年去台湾求学。听我到香港学术活动之事，他说他曾于新亚书院与杨勇先生一起求学。因同乡关系，杨先生对他很关心。并请我届时向杨先生问候。

到达香港，黄昏暮色，华灯初上，天下着雨。杨先生在新界元朗锦绣花园荔枝南路一一三至一一五号门口，等候着我到来。师母早已准备晚餐，等候我到来一起用餐。

先生元朗锦绣花园别墅，加拿大建筑风格，前有围墙，后有花园，植有荔枝、柠檬和枇杷等树木，绿荫树下，摆放着一排兰花，清香阵阵，时有鸟鸣，环境幽静。左边有小池塘，素白睡莲盛开，暗香悠然而来。花园后是一条悠悠小河，河里跃动着许多鱼，成群结队地游来游去。晨起，我们散步花园，别墅隔壁邻居有狗叫声，先生说狗通人性。并讲《世说新语》，猿母因子被捕而哀伤“肝肠寸断”的故事。那年先生因读书，入迷入痴，常撒尿入裤而不觉。钱师劝他养狗。狗通人性，久坐读书就会时常过来蹭他去休息。这样经过两三年的调养，才恢复健康。

别墅客厅，挂着朱熹写的“静神养气”四字拓片，供养万世师表孔子的拓片，意大利画家创作的杨先生油画像，青年英姿风发。别墅两幢连体相接，先生书房于二楼，书房书不多，但都是中国古代经典名作。案头上放着先生正在撰写的《我的前半生和后半生》初稿。先生说，待此稿完成，约我为之打字校对。

每顿中晚餐后，菲律宾女佣呈上熟木瓜，一人一瓜。师母说：钱穆先生喜欢吃木瓜。我们送木瓜给他，他最喜欢。先生说：钱先生有胃疾，木瓜能益胃。食间，先生说起故事。一次，先生对钱先生说：我一生坎坷，吃苦不少，也得了点经验，略有知人之明；但迄今仍不知为何物。钱先生说：你不妨把与你接近的人中，挑选出十位八位与你最接近的人来，试把他们性格、处事方式做一分析，归纳可得其共性。这个共性，可能便是你的个性及为人方式了。杨先生说，人在社会交往中，交友求知，拜师读书，亦须慎重选择。钱先生的话，至理名言。

第二天下午，先生和我一起到香港上水火车总站，接从北京过来参加饶宗颐先生九十华诞的人民文学出版社编辑宋红女士。宋女士与我曾于一九九一年温州谢灵运学术研讨会、一九九一年李商隐学术研讨会见过面，但没有交往。接宋红到先生家，宋红有一副红纸对联，赠给饶宗颐祝寿。宋红说：这副对联是林东海先生书写的。

晚餐，先生与师母、宋红，我们四人于元朗一家餐馆聚餐。席间，先生说：章太炎在日本时，跟黄季刚同住一家旅店。黄住楼上，章住楼下。黄于过道随便小便，过道臭气熏天。章在楼下大骂，黄跟着骂。黄问楼下何方人氏。章答余杭章炳麟。黄一听章炳麟，旋即下楼跪下谢罪，并当场拜章为师。一次黄季刚与胡适吃饭。胡说自己在美国留学八年。黄说自己在中国留学二十八年。留学还不都是读书吗？先生说钱先生本来对墨子研究有兴致，但他读了孙诒让《墨子间诂》后说，孙诒让学问太渊博，因此打消做墨子研究的念头。

先生参加这次学术交流的论文，是《论才学之兴起及其贡献》。与我们同组讨论的有香港浸会大学教授葛晓音、上海古籍出版社编审高克勤、复旦大学教授陈允吉、上海华东师大教授胡晓明、中华书局编辑俞国林诸位学者。与葛晓音先生于一九九一年在温州谢灵

二〇〇六年十二月，杨勇先生与作者在香港饶宗颐先生九十华诞学术研讨会上合影

运学术研讨会上认识，这次相聚更为欢喜。通过这次学术活动，使我认识了陈允吉、高克勤、胡晓明、俞国林，以及香港理工大学孔子学院院长朱鸿林、山东烟台大学副校长江林昌诸位先生。我还认识了日本汉学家水源渭江、法国汉学家汪德迈、澳大利亚国立大学柳存仁诸位学者。照先生之意，推荐我参加这次活动，开眼界、见世面、多交流、识学人、求教诲。

先生研究《世说新语》，以清谈独辟新境。在学术讲坛上，先生以专研魏晋积蓄学术的蕴涵，论述研究魏晋清谈，推翻“清谈出于清议”之旧说，建立“清议出于清谈”之新意。引起与会学者一致高度肯定。

此时，我随先生左右，感悟先生遵时惜时之精神、庄严肃穆学问之神态、和谐学术研讨之境界。在饶宗颐先生华诞期间，我曾写了一幅祝寿赋，恭奉饶公。饶公赠我墨宝，以示勉励，联曰：“文章负奇色，怀抱多正思。”先生怕邮寄丢失，特地从香港带到温州，亲手交给我。每每观悟饶公墨色神光，令我澄心凝思，肃然起敬。

学术交流期间，杨先生与柳存仁先生，久别相逢，两人握手笑语，平和中蕴含着心灵默契的神光。这使我想起，柳存仁先生《世说新语校笺》再版序文，对杨先生的学术总体性概括，蕴涵尤深：

永嘉杨君东波，少怀玙璠之资，壮蓄逾金之德，既博经子，高文盈车，其志婆娑翰林，容与坟典，固弗自今日始矣！自顷鸦张，遭时不吊，倭氛日炽，生民涂炭；君既怀拯溺之心，遂厉秋霜之志，艰险备尝，而甘之如饴。逮夫国土重光，铅刀既善，君乃移家海澨，惠心清润；同袍之愿既蠲，俎豆之思未泯。尝执于大师无锡钱先生、潮阳饶先生之门。登堂入室，沾溉既深，结根坚奥，新篇斯作。既益肆力于魏、晋、南北朝之学术，而尤锐意乎校雠，知君卓荦高怀，不蹑风尘之会，固所以殊绝凡庸也。比年所构，若《世说新语校笺》，若《陶渊明集校笺》，若《洛阳伽蓝记校笺》，皆能秉理照物，动必研几，缘事断谊，凛有规矩，固久脍炙人口。而其迹《伽蓝记》之有子注，则概从文章之义理求之，因善而从，不矜于已。其笺陶，则融会众长，而避其穿凿，析辨纯绵丽密，殆有如前人所谓策出无方，思入神契者；其可以并执前修，垂范后昆者，亦已至矣。曩君去乡二十载，近以敬恭乡梓，归省之假，更复访求前贤遗篇，博览当世新著，肆其锋颖，增益旧章，成为《世说新语》新编。

以东波之贤，常乐多闻，常勤精进，积学储宝，盖累数十寒暑如一日。蔚彼高藻，晔若春荣，其远越前贤，无待占筮。持君此志，与时俱进，他日君之兴会飙举，益精益盛，必将更有出今时之上者。

儒学功夫　为人师表

人伦鉴识，是《世说新语》论述人文精神的特色。杨先生曾语：

窃以为研究《世说新语》，倘从文章入手，则可径与古人神遇，高情远意，尽入我中，沉浸既久，古人与我合一，则古人即我，我即古人矣。得益之大，默化之速，莫过于此。

（《范子烨〈世说新语〉研究序》）

《世说新语》里的人物，是热爱自由的隐士，他们有的不尊奉社会规范，其人生价值趋向是淡泊宁静和超世脱俗。先生深受影响，他静心治学，恭敬师长，孝敬前辈，为人师表，以礼仪含章，彰显仁敬，可见其人格魅力。孔子有语：“居处恭、执事敬、与人忠。”此为杨先生净心澄怀、从容中道的生活理念所证。

先生每回乡，先来信或来电告知。每次相见先生，先生总会跟我讲钱穆先生的故事。他说自己最喜欢听钱先生演讲。钱先生演讲，博采众长，纵横自如，如行于山阴之道，目不暇接。钱先生教导他，读书要清心，思考要静心，求学要真心。心境清静，方可神澄气定。钱先生教学生读《论语》说，如一个人对《论语》，无所感悟，此乃朽木不可雕也。钱先生给他二十多封信，其中谈到，钱先生不主张为什么观点而展开读书。做学问，重视积累，积累中感发理思，才是真知卓识。并告诫学生不必早出书。学者要在阅历深厚，知识广博，有独立见解后，方可出书。

先生每次回温，总向我讲为人为文为学的人事道理，意在教导

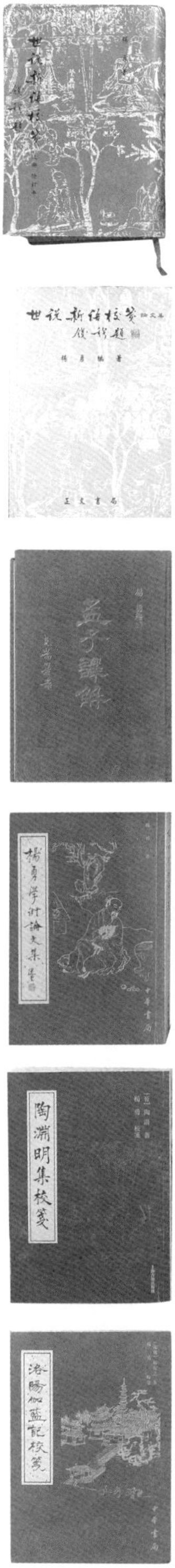

杨勇先生部分著作

而引路我。先生说，钱先生说，人生即文学，文学即人生。只有圣人性情修养工夫到了最高处，自然描绘他的言行，有时也就成为文学上乘了。记得先生曾给我讲朱熹有语：

大抵人要读书，须是先收拾身心。令稍安静，然后开卷，方有所益，若只如此驰骛纷扰，则方寸之间，自与道理全不相近，如何看得文字？令亦不必多言，但且闭门端坐半月十日，却来观书，自当信此言之不妄也。

（《朱子大全》卷六十三“答周深父”）

先生淡泊纯素，秉志如一，高情远致。我常听他一席之语，仿佛与古人神遇，语蕴理涵，令我浸润其间，默然感悟，明晓哲理。

先生常跟我讲《世说新语》中为人处世的故事，启发我感悟人生。他经常说，天底下不知有多少人，因失于交友不慎，引祸自身。钱穆先生当年曾告知他，看一个人的行为，看他的朋友，就知道他的行藏。做学问也一样，看他读什么书，就知道他的学问功底。为人在世，除自身爱好追求目标努力之外，人之一生，皆是为完善人格品位而已。伟人也好，平民百姓也好，唯有人格品位，是做人的根本。人活世，总是为他人美好而生存。否则，为人意义何在？我想，先生的谆谆教导，是他一生为人为学的经验总结。

先生也讲祸福感应的故事。他说他在东北从军，一次行军时，马到河边长鸣不过桥。他只好骑马从河边石埠而过。马过几步，刹那间，轰隆一声，桥断石裂。一次，他骑马过马路，马惊鸣而不前。略过片刻，居然看见两车过往相撞。马有灵性，于冥冥之中，神明感应。

先生退休后，经常回乡，为照顾年迈母亲。上世纪九十年代，购房于温州大厦十七层。从香港回来，必接母亲来温州大厦居住。母亲寿过百诞。年迈之时，他亲手为母亲剪手指甲，修脚趾甲。那认真仔细的态度，仿佛翻阅或修改文字般聚精会神。这一切情景，正是体现《世说新语》里的人物性情！先生去香港，母亲住在胞弟家，经常吩咐我，送点海鲜给老人家品尝。令人感动的是，先生在一篇情蕴深沉的文章里，写道："我赴上海探亲，家母从乡间来，亦携麦饼惠我，乃恍然大悟：此麦饼者，非常饼也，乃其生命中最宝贵之巨物。八十三老母远道而来，简朴如枯木。身无长物，唯一为其顾复之情者，其生平杰作之麦饼也。"

老母亲去世后，先生修整祖坟，约我与他一起去绿嶂山，为父母坟上墓志铭，用油漆填染墓志文，以示恭敬。一次，我随先生走访老家，他特地去看望姨妈。他说，今世永远难忘姨妈恩德。在他生命处于困难之际，姨妈给他金银首饰，作为奔赴香港的路钱，才有他后来人生转机的际遇。君子要知恩，涌泉相报。每次从香港归乡，先生总要看望姨妈，送好吃的东西给她。

先生每次回温州，我必拜访，聆听教诲，得益匪浅。故乡温州的冬日，窗外飞雪，先生穿着庄蓝棉布长衫，青色布鞋，朗读诗文，踱步有序，吐谈韵致，宛如游鸿远吟，文雅深致，俨然是一副私塾文化遗老的悠然神采。先生晚年儒雅风度，恬淡寡欲，悠远长怀之风范，确是一道中国传统人文精神之风景。

性情率真　特立独行

古人做学问，遵德问学，秉性率真，涵静养身心，默契灵通，皆不离日用伦常之内。我每次都会看到先生独自端坐于书房，静默观书或沉思笔记。先生以契真性情，静坐收摄身心，澄怀净虑的治学精神，给我留下深刻的印象。

先生是性情中人，他研究魏晋文化，对于六朝历史人物，有着深刻的理解与同情，并予以深深的敬意。并将其品格与行为，融入自己的生活与性情之中。

先生遵循师道尊严。在他的温州大厦客厅里，长年挂着饶宗颐先生所书魏碑隶体古意的对联："万古不磨意，中流自在心。"这副对联是饶先生从他"万古不磨意，中流自在心。天风吹海雨，欲鼓伯牙琴"的诗里取出的两句，其间蕴意做学问要做到"万古不磨意"，靠的是学人的"中流自在心"。万古不磨之"意"，是人的意志，是人的意向，也是学人求学问的精神真谛所在。学人的"中流"是坚守学术的“独立之品格，自由之思想”。只有这样，学人才能经得起社会的各种狂风巨澜的冲击，在“天风海雨”中，奏出天地和谐的“伯牙琴”声来。先生正是这样，他在自己选定的学问方向上，锲而不舍，奏出了天地美妙的音符来。先生在他客厅前横额上，挂着饶宗颐先生的宋人笔意山水画。每逢客人来，先生会讲述饶宗颐先生山水诗意画境的微妙。

先生所敬仰的恩师伍叔傥先生，是瑞安人，蔡元培先生当校长时的北大学生，与傅斯年、罗家伦等同时代。在抗战期间曾内迁到重庆中央大学执教。他在新亚时，钱穆先生请他来教《文心雕龙》《文选》等古典文学。伍先生学问渊博而精深，有超凡的记忆力。《世说新语》《三国志》等一些经典，皆能背诵。杨先生喜欢听的课，总是坐在最前排，认真听课并做笔录。

伍先生瑞安腔很重，许多学生听不懂。先生却听得很有味道，仿佛是对他一个人讲课。由于乡情乡音，他与伍先生有了亲切感。他向伍先生请教求学方向。

伍先生对他说《世说新语》是一本内涵丰赡的好书，无论做学问与做人，都是值得研究一辈子的经典。于是他就将《世说新语》作为人生学问的最终方向。后来，越研究越感觉到《世说新语》涉及学问博大精深，而且里面的一些人物可爱可亲，使他受其感染与熏陶。由此，他就朝着研究《世说新语》的方向，一往无前，毫无回顾。

先生为人浩然正气，特立独行，真理在胸，秉言无畏，敢言敢做，大有魏晋名士之风采。

二〇一八年冬天，我参加西南交通大学人文学院举办的先秦诸子与中国文化国际学术研讨会暨第五届诸子学论坛活动，相遇香港中文大学黄耀堃教授，黄先生谈及杨勇先生曾与他先是学生，后为同事。退休后，杨先生有事到香港中文大学，总是打电话给黄教授来接车到中大。杨先生与中大孙述宇、邝健行、黄耀堃、杨健思五人同事要好。孙述宇、邝健行与杨先生是同事，黄耀堃与杨健思是学生辈，后来成为同事。他们经常在一起谈事论学。杨先生一直在新亚书院工作。对新亚书院人事，了如指掌。他经常谈论学校人事，口快心直，秉正无畏，直来直去。由于他说话声音响亮，黄教授经常提醒他说话轻声点。据黄教授说，他在日本留学期间，杨先生曾走访日本，拜访日本著名汉学家桥川时雄，讨论陶渊明研究有关问题。由黄教授安排曾在京都了莲寺住了三天。香港中文大学称杨勇先生为“杨大将军”，其意为中共杨勇将军。杨先生外貌似蒋经国，一次他到台北时，老百姓以为是蒋经国先生来了。

黄教授说，杨先生跟温州人一样，有经济意识，生财有道。他将平时省吃俭用的剩余工资，用去买房子，后来都涨价了。杨先生先住新亚书院会友楼十来年，后来搬到元朗锦绣花园居住。黄教授健谈，与之谈论中，得知杨勇先生的许多故事。

先生乐于为学术牵线搭桥，曾与香港中文大学龚雪因基金会同邀著名文学史家王瑶先生来港进行一个月的讲学活动。杨先生精心安排生活与讲座的具体细节，王瑶夫妇深受感动。先生与王瑶先生由此成为莫逆之交。

先生走后，有两件事留下遗憾：一是先生托我为之打字的《读书指导》，我请人将其打字校对好，转递给先生，先生说再校对一次，可以联系出版社商量出版事宜。我对中国经典文献，感知肤浅，不敢轻举妄动。先生走后，也就此搁下了。二〇一五年秋天，我去香港理工大学进行学术交流活动，与画家王学钊先生及友人项盛，特地拜谒先生故居元朗锦绣。然而，风雨茫茫，人去楼空。我从路旁采摘数朵紫荆花，供养恩师与师母照片前，跪拜大礼后，一步一回头，茫然惆怅而回。一是先生曾来信告知《我的前半生和后半生》已经初定完稿，并将王瑶先生夫人杜琇为此书所写序言清样寄给我，说自己很喜欢这则序言。可是先生匆匆走了，此书稿，因大陆与香港隔间，我也无法看到，至今未见出版。

情系桑梓　风范犹在

一九九一年，温州举行首届国际谢灵运学术研讨会，先生不仅是催生者，而且是主导者。他邀请饶宗颐先生与法国汉学家侯思孟教授等国际学人与会，并参与交流学术见解，为温州文化对外交流和宣传，做出了重要的贡献。

温州是谢灵运山水诗创作的境域。饶宗颐先生因谢灵运而仰慕温州山水。一九八五年春天，饶先生与友人游学雁荡，并写下九首赞美雁荡的诗。缘于温州师范学院黄世中教授推荐，我与会期间拜识饶宗颐先生与杨勇先生。会议期间，我随同饶宗颐先生和杨勇先生、侯思孟教授等学者一起研讨，并游览雁荡山、楠溪江、江心孤屿等温州风景名胜。

在雁荡期间，饶先生虽有孙女相陪，但杨先生总是随饶先生左右不离。于合掌峰前，饶先生遥望合掌峰，观察凝视，静默思索时，由于秋深微寒，杨先生站风口，掩遮饶公，怕冷风吹寒饶公。休闲时，先生亲自将楠溪江的柚子，剥开一瓣瓣鲜嫩果肉，饶先生吃一瓣，他递一瓣。饶先生吃着柚瓣，他们讨论着红柚的药性功能及永嘉的风物。杨先生对饶公行弟子礼，令人肃然起敬。

深秋久旱，大龙湫飞瀑，如纱似烟。杨先生随饶公一起，远处观赏瀑流、山势、林木，沉思良久后，再走近观望飞瀑。饶先生在观瀑中沉思，仰望中凝神，仿佛进入清净之境，澄怀观道。站在我身旁的侯思孟教授，神交心契，凝视悬空瀑流，右手随着瀑流游丝

杨勇先生与饶宗颐先生于一九九一年秋天，在雁荡大龙湫前合影

的舞姿，左右来回地摆动，汉语惊叹："太美了，太美了！"我亦随之静观，如丝飞瀑，凌空高悬，如烟悠浮，似纱透明，忽左忽右，腾空悠飞。我对侯教授说："大龙湫秋瀑似纱，假如夏日暴雨之后，更有一番大气象。"杨勇先生含喜微笑："雁荡山水，四时风光，移步换景，各有奇异。"饶公眼神一亮，悠然欣悦："雁荡山水奇秀，合掌峰、小龙湫、显胜门，亦有独特风采。可观可游可诗可画。"我为饶公熟悉雁荡而感到惊讶。后来读《选堂诗词集》，得悉饶先生于一九八五年曾行旅过雁荡。

会议期间，由饶先生召集，杨先生主持举行建立跨国、跨地域的谢灵运研究机构的讨论，并组织编辑出版有关谢灵运研究文集诸事。杨先生为此丛书出版，个人捐赠一万五千元。众推饶先生与杨勇先生为《谢灵运研究丛书》顾问。此书二〇〇一年七月由广西师范大学出版社出版。

会议活动期间，杨勇先生还特别安排温州词学音韵研究学者郑孟津先生与饶先生交流，探讨宋词音韵的学术问题。他们之间畅谈欢喜，郑先生与饶先生结下深厚情谊。

先生每次回故乡，营造温州学术沙龙研讨的气氛。先生府上温州大厦十七楼客厅，成为温州学人胡雪冈、沈沉、黄世中、郑孟津、陈增杰、张如元诸先生，相聚一起，谈笑风生、各抒已见的谈学论文的热闹场所。

一九九〇年，先生从香港中文大学退休，别却风尘，任性合道，孤居香港元朗锦绣别墅，研读典籍，悟道思理，撰写文章。为人为文，平淡自然，清新绝俗，似陶令悠然自如，清远淡和。学人难得的是，学问与性情保持一致和谐的美德。先生正是此等学人。

先生荣休后，生活俭朴，清和简静，但情系桑梓，乐于积德行善。为温师院建育英图书馆，筹建体育馆及奖学金，不顾天气炎热，在台湾、香港等地，登门拜访温州有识之士。并得到何朝育先生大力支持，为故乡温州教育事业，做出无私奉献。他为民进职业学校，到台湾找吴昌涛先生，得到吴先生捐款建成。还将香港的"关怀行动"引进市三医，为温州的残疾人送去义医，并建起血液研究室。

先生乡土观念深厚。他说少时家穷，得乡里支持，情义难忘，

杨勇先生（左三）与钱穆先生（左四）合影

总想寻找机会报答乡恩。为老家永嘉东山下村造路和市郊仰义建敬老院，献计献策，捐款支持。为对故乡的报答，多做善事好事，先生积极牵线搭桥，感到无上愉快喜悦。当事人每每回想往事，莫不感到先生功德无量。

结语

先生率道学术与尊德修业，儒雅大观，刚健笃行，仿佛穿越魏晋时光而来。先生所崇敬的上世纪三位大学人，对他影响深远。在先生身上，仿佛可以看到钱穆先生之豁达、饶宗颐先生之达观、柳存仁先生之宁静的学人气质。先生传承了那一代学人朴素品格与笃定自信的人文精神，纯粹执着学术，不为利益左右的人生价值理念，正是为我们召唤着学术良知回归的人文精神。

二〇〇八年七月七日，杨勇先生因病住院，须手术治疗。香港与温州相隔两地，一直挂牵着我的心。在他老人家谢世的前一天，我跟他通话。他轻松地笑着回答：医生说过，没事的。请你放心。第二天，我打他的小灵通，居然是关机。我慌乱中打他家里的电话，他的女儿回答，杨先生昨天已经走了！听到此噩耗，我的眼泪，一下子涌了出来。先生，你不是跟我说好，等你动好手术，恢复健康，帮你打字再次校对《读书指导》《我的前半生与后半生》的文稿。先生你多少次跟我转述钱穆先生之言，老人就像挂在乡村横梁下的稻草绳，不要动它，可以长久地挂在空中。一旦遇到东西重压一下，或者摇动一下，旋即就会断了。八十多高龄的你，居然去动手术，一针麻醉药水注下去，竟然不再醒过来了。也许你是为了更好地著书立说，才冒险去企求健康长寿?

望着罗山风雨，我眼前一片朦胧。目睹先生赠我书联：“交如晓月无妨淡，情若秋云不在多。”桃李无言，教泽恩深，溯源瓯水，梧桐有泪，缅怀先生，悲切情凄，缘心笔录，感而赋之：

绿嶂耸云，瓯潮起兮，怀公之德，溯源远兮。
幼而好学，祖公育兮，进修德业，蓄志行兮。
从军坎坷，求学艰兮，渡海香江，风云幻兮。
幸读新亚，苦力活兮，专治魏晋，大师引兮。
教而悟读，读义明兮，诲人不倦，知行合兮。
平和简静，博学通兮，抱朴见素，探研深兮。
博学能文，诚心撰兮，志道弘毅，著述丰兮。
壮哉，杨公东波先生，
著千秋之华章，传经典之文脉；
承魏晋之性情，乐桑梓之慈善。
永嘉山水，大屿潮望，互为咏颂，风范激扬。
契真崇美，道德文章，礼乐风雅，山高水长！

二〇二〇年十月

一份未兑现的汇款单

——纪念百岁长者黄鸿森先生

◎ 卢礼阳

去年一位老先生去世，信札遍觅不得，纪念文章无从引用，未免遗憾。今春因为疫情严重，禁足三四个星期之久，干脆趁此机会将各地师友信札整理一番。中国大百科全书出版社的资深编审黄鸿森先生，是我们《温州读书报》的老作者，来往信件频繁，以前登记过一次，改日只要把存在图书馆研究室的后续信件归并即可。这次重读一过，掉出两张合影、一份汇款单，往事依稀不由浮现在眼前。

这份取款通知单填于二〇一六年五月十二日，黄先生附言："请转王永胜，聊答谢意。"邮政提醒当年七月九日之前取款。黄先生为何要通过我转给王永胜兄一笔款子，而我们又何以不去兑现呢？

永胜兄当时供职于温州晚报，执意寻访一群有信仰有故事的托派老人，陆续完成十三篇访谈。这也是一种抢救，时不我待，意义不言而喻。其间永胜兄还"勇挑重担"，协助沈克成先生整理王国龙八个小时的访谈录音，以《王国龙口述自传》为题发表于《瓯风》第四期（方韶毅主编，黄山书社二〇一二年四月版）。这篇自传，一经刊出，引起各界读者的关注，同样也吸引了黄先生的目光。黄先生认为："《瓯风》所刊王国龙先生口述记录，甚有价值，中国托派，温州是最活跃的二线城市。难得的是，郑超麟、王国龙、周仁生诸氏都毕生忠于自己的信仰。"他专门写信给予肯定："王国龙先生执着于自己的信仰，几乎受难终生。不幸中之大幸，暮年译出托氏传传世。2001年我返乡探亲，承马骅先生赐赠此书三巨册，甚宝之。《瓯风》刊探奥索潜，为之立传，极为难得。"作为知情人，他还提出好几条意见给我们参考："关于《王国龙口述自传》中，有些当年事，提些白头宫女的小意见，供参考。见另纸。"另纸记不得转给王永胜还是方韶毅了。

永胜兄为此深受鼓舞，以为黄先生的经历与王国龙近似，生发了专访黄先生的念头，得知黄先生常在《温州读书报》刊发专栏文章，对我信任有加，于是托我征得黄先生的同意，预备前往北京拜访。

对此，原籍瑞安的黄先生在电话中表示欢迎，不久，二〇一三年九月八日的复信还主动提到:“前些日子，缘于阁下的绍介，温州晚报记者王永胜先生来电话，说要采访我，关于温州，我说少小离家，所知甚少，不值得采访。如有来京之便，聊天倒可以。”

十月初，永胜兄自费赴京采访，在黄先生府上盘桓四个半天，每次访谈两个多小时。他的微信透露:“在北京继续拜访九十多岁被打成反革命坐了五年牢的瑞安人、辞书编辑家黄鸿森，老人回忆过去的苦难岁月，像是重新回味泛上来的苦药。八十多岁的先生母(师母),在一边安静地看着。上午聊完要走,老婆婆送我到门口,说,你们赶上好时代了，我说未必。老人沉默几秒，说，也是，中国人太可怜，中国人太聪明。这句话，让我一直沉默着坐地铁。”老太太这番话，六年之后重温，好像是针对这场突如其来的疫情而言，令人深长思之。

黄先生夫人大名田玉洁，二〇一八年二月十四日，腊月廿九，我有幸收到黄先生与田老师联名的电子邮件。这是后话。

相隔半月，黄先生特地来信告知采访情况:

国庆节期间，承推荐，王永胜先生自费来京，谈了四个上午。他以为我跟王国龙先生有相似之处，受教育相同，均仅读过小学;自学外语能译书相同，且都曾在狱译书。其实根本不同，他有坚定信仰，我只是谋生。他译托传，基于信仰。许多人译书也是如此，如巴金译克鲁泡特金的自传，陈望道译《共产党宣言》，冰心译泰戈尔作品(著译者都是人道主义者)。我译校过欧文、圣西门的著作，只是接受任务，尽管欧、圣两位崇高理想，我极为崇敬。

王君来京之前跟我通过电话，我说如有来京之便，可以随便聊聊，想不到他要整理出来文章在《瓯风》发表，而且是专程而来，我深感准备不足，只是报报流水账。加之这时应新闻出版广电总局之邀检查辞书质量，限10月10日交卷，以致穷于应付。王君远道而来,深觉歉意,只能在未来的稿上弥补。(二〇一三年十月十九日)

黄先生说王国龙们“有坚定信仰，我只是谋生”，当然是谦辞。他虽然只读过小学，加之经历坎坷，却长期发愤自学，造诣精深，

晚年黄鸿森（黄一黎提供）

改革开放之初加盟中国大百科全书出版社，如鱼得水，大展身手。晚年荣获中国辞书事业终身成就奖，可谓实至名归。所著《百科全书编纂求索》《报海拾误录》《报刊纠错例说》《文章病案》等书功底相当之扎实，享誉学林。因此被誉为“文章医生”，绝不是偶然的。

永胜兄夜以继日，先后拿出初稿《只能如此的人生》，二稿《黄鸿森：我的“反革命”人生》，寄请黄先生过目指正。黄先生审读修改之后，依然不太满意，要求《瓯风》延后安排。他来信坦诚告知：

永胜回温后，先寄来“访谈观感”，题为《只能如此的人生》，一万多字。我作了修改，有三个方面，一是补充事实，着重于逻辑要求；二是改正差错；三是删去过度的发挥。后来寄来第二稿，好多了。他说如果定稿，还要我过目，可知他很虚心。估计还要一二个回合。后来寄来口述文章，题为《黄鸿森：我的“反革命”人生》，第一稿来，我请他补充，第二稿近三万字，3月15日收到。

两篇文章总的问题是他掌握素材不足。一者，访谈时间有限。国龙先生的经历是一以贯之的，而我的情况则是，人海茫茫，一叶扁舟，随风飘荡，漫无标的，直到改革开放，才在“百科”码头停泊下来。经历曲折，说得精细些，也非得以N倍时间不可。二者，我拙于言辞，更无国龙先生出口成章之能。叙一事，须言及社会背景，来龙去脉，人事关系等，我往往顾此失彼。永胜做少米之炊，我理解他的难处。（二〇一四年三月三十一日）

有鉴于此，黄先生表示：“请同方韶毅先生磋商一下，将口述稿推后一二辑发表。”我们自然尊重黄先生的意愿，耐心等待。

不料，几个回合之后，黄先生十分慎重，经与旅美工作的儿子商量，采访稿决定搁置不发。永胜兄对此表示理解。黄先生特地写信说明，并汇来两千元以示酬劳：

2013年承您推荐温州晚报记者王永胜先生来京采访，谈了我的生平四个半天，实际只约十一二个小时，因我的经历漫长而曲折，我又乏出口成章之能耐。因而所录材料支离破碎，而两地距离遥远，不像王国龙先生那样同在一城，可以随时订正补充。这篇访问记只好告吹。承您和方韶毅先生一再关心，实在抱歉。王先生为此事耗时费力，谨寄奉2000元聊表谢忱，烦代为转致为祷！（二〇一六年五月十日）

这封信与汇款单差不多同日递到温州。当天下午，黄先生又来长途电话，说不嫌少就收下，还关切地询问，这篇稿子不发表，会否影响作者评职称。我电话联系永胜兄，并征求韶毅兄的意见，两位均不主张收下，我自然赞同。隔了一天，永胜兄写好回信，解释此款坚决不能收，并送到图书馆让我过目，我当即草就一信附上，正式回复黄先生。我与永胜兄说，汇款两个月到期未领，通知单自然作废。

黄先生过意不去，此后还两次谈到这件事。先是诚恳劝说："永胜先生为采访，南北奔波，记录整理，甚费辛劳。此稿多处实质问题需要调整，且不合时宜，决定废之。永胜先生健笔，耽误了他的时间，也就是耽误了他写很多文章，心甚歉疚，寄奉戋戋之数，聊表谢意而已，还是请他收下。"（二〇一六年六月十三日）汇款退回北京，黄先生惠书，显得有点无奈："前汇奉2000元，请转给王永胜先生，他太客气，款已由邮局退回，我只好收下了。"（二〇一六年八月二十一日）

至此访谈之事告一段落，这张饱含故乡之情、展现长者风范的汇款单，我顺手夹在信函内，不知不觉留了下来。

前日得悉黄先生于二月二十日化鹤远行，虽届百岁高龄，俗谓喜丧，闻讯之下，仍黯然神伤。这份汇款通知单，与先生前后给我的三十五通信札，多部赠书，为拙编《刘景晨集》撰写的书评，还有两张合影一道，成为我永久的纪念。

二〇二〇年二月二十三日

附：黄鸿森先生信札三通

黄鸿森先生给我的信札累计三十五通之多，重温一过，长者风范，令人感佩不已。谨选出三通，以见一斑，略表缅怀之忱。

一

礼阳先生：

呈奉《缅怀胡今虚先生》一文请赐正。胡氏曾在浙江省第八区（温州）专员公署政工室任事，政工室曾在温州做了一些抗日宣传，因为"官底"，介绍的不多，文中写了点。除胡氏外，介绍了一下程一戎、尹庚二氏。篇幅长了点。如读书报容不下，可删去一些，或代为介绍温州他刊。

附奉《中国新闻出版报》世界读书日的专版，不少关于读书的语录，可作贵报补白之用。

阁下同谢泳先生似有联系，贵报曾刊过谢氏的文章，他是《观察》《新路》的研究者，我曾在这两家刊物发表过多篇通讯（全用笔名），两刊物均为自由主义者所办，刊行 1940 年代，便中可告诉他，我也是算活着的不多的撰稿人之一。当时我只是讨厌内战。

本月下旬，我拟回乡扫墓，也许有见面的机会，再联系。祝好！

弟黄鸿森

2006.5.4

树椿先生请代致意。

二

礼阳先生：你好！

国庆节期间，承推荐，王永胜先生自费来京，谈了四个上午。他以为我跟王国龙先生有相似之处，受教育相同，均仅读过小学；自学外语能译书相同，且都曾在狱译书。其实根本不同，他有坚定信仰，我只是谋生。他译托传，基于信仰。许多人译书也是如此，如巴金译克鲁泡特金的自传，陈望道译《共产党宣言》，冰心译泰戈尔作品(著译者都是人道主义者)。我译校过欧文、圣西门的著作，只是接受任务，尽管欧、圣两位崇高理想，我极为崇敬。

王君来京之前跟我通过电话，我说如有来京之便，可以随便聊聊，想不到他要整理出来文章在《瓯风》发表，而且是专程而来，我深感准备不足，只是报报流水账。加之这时应新闻出版广电总局之邀检查辞书质量，限10月10日交卷，以致穷于应付。王君远道而来，深觉歉意，只能在未来的稿上弥补。

《籀园》第3期（2013）收到，张永苏先生发现这幅照片很有价值，孙馆长在兵荒马乱岁月仍在大力倡导读书，难得之至。庄文俊我认识，过去不知他是地下党，解放后听说是。我是1940年6月初离开温州，无缘参与这次读书盛会。我用放大镜看名单，有的看不清，看清的部分发现原永嘉县政工队的同仁有八人：叶璜、周冠华、娄桂芳、杨桂森、吴亦然、庄文俊、郑铸、单云龙。其中杨桂森、周冠华很有成就。杨桂森今名杨涵，木刻成就堪称全国第一流，寄给我的书有《杨涵木刻》《杨涵文集》《杨涵诗词》，诗文均佳，这些书想必温图有藏。他是三八式干部，任上海人民美术出版社副总编，不是靠资格，而是靠艺术（画、文）。周冠华在台湾，任立法院秘书处长，台湾浙江同乡会会刊《浙江月刊》“浙江诗坛”主编，为大陆旅台浙籍诗人盟主。周著《荀子注》(？)，国学大师钱穆为之作序。周卒于1998年，我未收到他的成书著作。杨仍健在，2012年春节，我曾经给他打电话拜年，他耳背，未多说。过些时，当写篇文章。

《籀园讲座》办得很好，这期阮仪三先生讲的城市保护就很发人深省。两书收到，谢谢。

拙著《当代辞书过眼录》已由商务印书馆出版，寄奉三册，二册给市图书馆，一册请卢先生指教。附奉“后记”复印件，拟投温州读书报，如不合用，弃之可也，无妨的。

寒露已过，霜降将临。秋风日厉，诸维珍卫。

黄鸿森拜启

2013.10.19

三

礼阳先生：您好！

寄来《温州通史编纂通讯》2016年第2期收到，承刊出拙稿《创举·丰富·凝聚——序瑞安黄氏志》，十分感谢。此书为瑞安江夏文化研究会（所出），我想给该会一份留作纪念，因而请再赐一册为感。

近读《籀园》期刊，载有卢礼阳研究员字样，也许是旧闻，于我则是第一次看到，十分高兴，为阁下祝贺。其实理该如此，也早该如此。当年读《刘景晨集》，甚佩学养深厚，功力不凡，仅有少量资料，而集聚成五十万言巨帙，无异于平地起高楼。《蒋叔南集》竖排繁体，古色古香，隘门岭事件和死亡原因的记述妥帖，剪裁颇具心智。全书编校亦甚精审。偶有疏忽，也属难免。现记下可疑数字，供更正时参考。

温州文献丛刊改用精装，甚好。平装书篇幅稍大，往往经不住多次翻阅。丛书、丛刊陆续问世，弘扬瓯越文献，厥功至伟，阁下鼎力支持这一事业，使温图成为学术中心，难得，难得！

即祝

体笔双健

黄鸿森拜启

2016.12.8

承蒙黄先生不弃，《温州读书报》二〇〇四年第八期至二〇一八年第十二期共发表黄先生大作二十六篇，包括来函照登五则。其中《缅怀胡今虚先生》一文二〇〇六年第五、第六期分两次刊出，《当代辞书过眼录》后记则于二〇一四年第一期发表。

此外，二〇一三年十一月，黄先生以《籀园图书馆青年读书会会员二三事》为题惠稿《籀园》，当年第四期刊出，则系张永苏兄经手。此文去年收入《籀园芳馨——温州图书馆百年馆庆文集》。打问号的书名，黄先生文章中订正为《荀子字义疏证》，小处不可随便，于此亦可见老辈行文与为人之严谨一以贯之。

随师二载 受益一生

——忆陆芷青师

◎刘时觉

少年时，就闻知潘澄濂、陆芷青两位老先生的大名，也听长辈说起过他们在温州普安施医施药局行医的遗闻逸事，知道他们在杭州工作，是中医权威人士，很为温州人争光。不过年龄、经历所限，不知其详，也无意深究，更不能预测在若干年后他们竟然成为我学习生活的良师，陆芷青先生更成为我的研究生指导老师，对我从事中医学术研究产生深刻的影响。

春风化雨

一九七九年我考上浙江中医学院中医系古典医著专业研究生，在何任、陆芷青、徐荣斋、蒋文照、冯鹤鸣、朱古亭等名师组成的导师小组指导下学习研究中医古典著作。初识陆老师，消瘦清癯的苍老身材，一副高度近视眼镜，加上贴着纸面看书的专注神情，让人顿生敬仰之心，而一口纯正的乡音带来的亲切感，却拉近了我们的距离。当时浙江中医学院七九级研究生招了八人，有温州三人，我和蔡定芳是古典医著专业，还有赵承来是中药专业。课间诊余，有时会情不自禁地用温州方言交谈，也使我在一班指导老师中间与陆老师有一种莫名的亲近。但是，一年半的研究生课程学习期间，我与陆老师的接触并不太多，还谈不上密切。只是因陆老师的引荐，也由于同是温州人的关系，我们数次拜访潘澄濂老先生，聆听他对中医经典学以致用的高见。临别时，他还要求我们思考讨论一下“中医西医化、中医现代化”的问题，真是得益多多。

真正与陆芷青老师建立起密切的师生关系，始于一九八一年一月，学期即将结束之际，十日星期六，冯鹤鸣老师代表研究生导师小组召集我们开会，分派各人的研究方向，分派我随陆老师参加心胆疾病专科门诊。先是，一个月之前的十二月十一日，我向陆老师提出每星期二、四上午随师门诊的请求，得先生俯允，早已开展多次了。现在校方真正认可，许多事情便名正言顺了。十五日星期四门诊时间，三九时节，天寒地冻，病人不多，诊疗间隙我便向陆老师谈了选择毕业课题的事：我在学习过程中发现，朱丹溪的名篇《阳有余阴不足论》不是讨论阴虚火旺的病机论，而是慎欲谨身的养生论，而《相火论》谈的是内生火热，并不是养阴学说的理论基石，丹溪医案的辨证方法、用药经验也缺乏养阴派的实践基础，中心论点是对“朱丹溪是养阴派的代表医家”的传统观点提出异议，对丹溪学术思想的真谛提出自己的看法，做出中肯的评价。陆老师对此很是赞赏，认为有新东西、新见解，也有可以成立的根据，作为研究生毕业论文应当可行。听闻此言，我不禁大喜。先此，曾向冯鹤鸣老师汇报过自己的想法，可能由于对“古典医著”四字的理解不同，冯老师大约等同于经典著作，便一口拒绝，说：这是各家学说的内容，不是古典医著，不行。我则从字面上理解为“古代的医学著作”，距今六百余年的元代医学大家自然属此“古典”之列。得到陆老师的支持，我信心倍增，接下来的寒假，我写了厚厚二大册的《朱丹溪学术思想研究计划》，共六十一页，两万余字，想凭扎实的前期研究基础和可靠可行的研究方法，感动上帝，获得导师组的支持，先后呈送陆芷青、徐荣斋老师审阅，获得赞赏，又送蒋文照、冯鹤鸣老师，却没了下文。五月七日，导师组否决了写朱丹溪的毕业课题，理由当然就是“各家学说”，尽管陆老师大力支持，仍是无济于事。于是煞费苦心把朱丹溪与《内经》研究拉到一起，重新写成《朱丹溪学说研究——丹溪对内经的发扬光大及其在中国医学史上的地位》的研究计划，这本是陆老师的主意，尽管有点牵强，毕竟搭上了《内经》的边，可六月二十五日开题报告会上仍逃不了被否决的命运，仍属“各家学说”而非“古典医著”，陆老师虽是支持，却也无可奈何。时近学期末，时不我待，我只得更弦改辙，着手进行《〈内经〉五脏辨证的研究》课题了，对此我曾有过一定思考，并搜集了相关资料，所以不多时便拿出了研究计划，与陆老师商量，他仍主张研究朱丹溪。七月十日，我把两份研究计划一起交给蒋文照、冯鹤鸣老师，请导师组定夺，选择其中之一，随后便回温州度暑假了。七月底，收到陆老师信，学校领导同意朱丹溪研究课题，纠缠了一个学期的毕业选题之争就此平息。

这场师生并肩努力的立题论争，进一步培育、密切了我与陆芷青老师的关系，也让我深切感受到他的长者之风。事实证明，陆老师是有眼光的，我的毕业论文《朱丹溪学术思想研究》得到评审专家姜春华、潘澄濂的赞许和好评，其中心内容《丹溪是否养阴派的探讨》在一九八三年三月的《中医杂志》发表，还获得浙江省中青年中医药人员优秀论文奖二等奖。研究生毕业论文能在最高级别的中医学术刊物上发表并不多见，占用长长的七页篇幅超过万字的长篇更是凤毛麟角，能获省级的奖励也不容易。后来，进一步深入研究，形成学术专著《丹溪学研究》，于二〇〇四年由中医古籍出版社出版，在其书《后记》中，我深情地写下一段文字："本书终于得以问世。兴奋之余，抚今追昔，首先要感谢二十年前指导毕业论文写作的恩师陆芷青教授，以及评阅、审正《朱丹溪学术思想研究》并给予我热情赞许和鼓励的姜春华教授、潘澄濂研究员，他们的指教使我在中医学术研究中得益弥深，至今仍受用不尽。"

薪火传承

一九八一年上半年是我学习、工作收获颇丰的一个学期，完成朱丹溪和《内经》五脏辨证两项研究计划，梳理了相关资料，形成自己的思想观点，自是一大收获；跟随陆芷青老师参加心胆专科门诊，后来又跟随吴颂康先生、詹起荪先生参加内、儿科门诊，实践联系课本，阅读内、儿科相关教材书籍，一度还进心电图、心超室见习，积累了不少验案方剂，不仅大大充实了原本相对薄弱的中医临床实践，更学到许多独特的临床经验。

例如鸡心舌，历来都被视为胃阴亏虚的症象，陆老师特意指出，若舌质偏淡而润泽，周围舌苔薄白湿润，或见白滑、白腻，却属痰饮中停。其机理是，中寒停饮，津气不能上承而舌面中间无苔，舌质偏淡而不燥，若胃阴亏虚不能濡养则舌质偏红而欠润；痰饮内停，浊阴不降，故舌面周边舌苔薄白湿润，或见白滑、白腻。因此，鸡心舌的临床意义并非单一，须仔细观察舌质、舌苔的颜色、燥润、质地，才能为准确辨别疾病的病因病机提供诊断依据。我后来查阅

一九八八年五月十一日，作者与陆芷青合影

了不少资料，学界似乎未见类似的说法，这应是陆老师的独家经验，虽是细节，很可宝贵。

细节值得关注，规律性的诊疗、临床思维的方法更为宝贵，老师授我以鱼，更授我以渔。门诊工作中，陆老师释疑解惑，循循善诱，既介绍同一疾病的不同证型的治疗方法，又传授就具体病例分析病因病机，指出处方用药的规律和要点。他治胆病如胆石症、胆囊炎，尽管辨证类型、方法多种多样，理气导滞却是必不可少的一环，木香、郁金、枳壳之类配伍大黄常是基础药物，无论气滞、火郁、湿热、血瘀诸实证，还是气虚型，都不离此。有不少我以为应该属虚证的，应该以补气药为主的，陆老师仍然不离这个基础，只是适当调整药物用量，补药最多不过处于佐使地位。陆老师说，六腑以通为用，不通不仅为痛，更是火郁、湿热、血瘀诸实证产生的根本机理，由实致虚，也是气虚证的根源所在；抓住这个基本病机，便是胆病的治疗基础，随证变化，便是临床运用要点。治心病，注重虚实辨证，实则气滞血瘀，虚则气阴两虚。血瘀是中西医一致的看法，气滞导致血瘀却是中医独到之处；由虚致实，血瘀导致心肌损害是西医的说法，心为火脏，虚易伤阴，则是中医的见解，立足脏腑特性，综合中西治疗，兼顾气血、阴阳、虚实，是陆老师治疗心病的特色。这一经验后来形成验方“舒心宝”，制成浓缩丸，我毕业后在温州医学院附属第二医院工作，还曾参与其临床研究工作，观察若干病例，无论症状还是心电图表现，都颇具疗效。陆老师还特别注重胆病、心病之间的联系，由肝胆失于疏泄与胸膺闭塞导致胆心同病，在中老年胆病患者中占据不少份额，由此提出“胆心同病”的概念，采用胆心同治之法，收效颇佳。其要领是针对胆病在同病中的主导地位，以疏肝利胆、理气导滞为主，佐以活血化瘀、宽胸通络诸法，意在“通”“利”，使气机调畅，腑气通达，而阳气舒缓，血脉通畅，胆心同治同解，诸证悉除而得愈。一九八一年底，陆老师嘱我归纳中医治疗心病的基本证型和用方用药，既是老师的经验总结，也为中基教研室的心病科研提供资料，自己更是在这个过程中进一步消化吸收老师的经验，体会中医心病诊疗的规律和方法，充实了临床治疗的知识结构。

随师门诊至一九八二年底毕业时方才结束，这两年的经历于我而言非常宝贵，陆芷青老师耳提面命，吴颂康、詹起荪先生循循善诱，不仅在具体的辨证方法、辨证类型上，更在临床思维方法与临床辨证论治规律上。我进一步掌握了运用中医药诊治疾病的相关知识，很快积累起临床经验，为毕业后在温州医学院附属第二医院以中医临床诊疗为主的职业生活奠定了业务基础，可以说，能够胜任临床工作，即拜陆、吴、詹诸位老师所赐，尤其是陆老师。一九九三年，我设立“中医肾系疾病”专科门诊，开展“肾”与老年性疾病的临床研究，对肾病、老年性疾病、免疫性疾病等，提出“肾骨髓脑一体论”观点，立足肾属水脏，主骨生髓，虚则水亏，运用补肾益髓法治疗肾及脑、髓的相关病变，治疗多种老年性疾病如糖尿病肾病和脑病、肾虚髓枯的脑梗死，以及多发性硬化失明肢萎之类，都有良好的疗效，其方法论基础即出于陆老师所授。

踵事增华

随师两年间，文字工作是一项重要且颇多得益的任务，无论是为陆老师草拟、整理、抄誊文稿，还是审阅本科生论文稿件，都是难得的文字训练机会。印象最深、收获最大者，当数《王孟英医案》校点注释。

陆老师的先人建之公为浙南名医，精内难仲景之学，探索唐宋元明清诸大家，善汲取各家之长，于喻嘉言、叶天士、徐灵胎、王孟英诸家造诣尤深。《浙江历代医林人物》谓其“以善治温病著称于时”，时人称为“蛇篓”，“蛇”温州方言谐音“邪”，谓其治“邪症”即温热病如捉蛇入篓，稳操胜券。《王孟英医案》陆老师自幼熟读，“文革”后百废待兴，整理重版医学古籍提上议事日程，上海科技出版社委托陆老师校点整理，正得其人，于是我又多了个受训提高的机会。

咸丰元年海宁周鑅辑《王孟英医案》为《回春录》二卷，收录道光四年至二十三年（1824—1843）的验案，详于杂病治疗；张鸿、盛钧、赵梦龄、陈坤、董介谷等续辑《仁术志》八卷，载道光二十四年至三十年（1844—1850）的七年间案，以温热暑湿诸外感证治为主；后杨照藜合辑二书，改题《王氏医案》，作正续二编；咸丰四年，徐然石又辑《王氏医案三编》。这次整理取《王氏医案正续编》十卷，做校点注释，出简体横排本，并定名《王孟英医案》。陆老师选《潜斋医书五种》道光三十年（1850）庚戌纬文堂刻本作为底本，参照其他版本及石念祖《王氏医案绎注》进行校勘。我与陆老师商议整理办法，一是忠于原文，尽量保持古籍原貌，原书序跋、眉批、夹注一律保留，署名不变，编次不变，让读者看到的是今印古籍而非今人产品；使用现代标点，以利阅读；注释简洁，可注可不注者尽量不注，不加按语，以免阅读时反为之分心。这一办法既是我学习研读现代版本古籍的体会，后来也成为我古籍整理所遵循的基本原则，无论是《永嘉医派研究》的《易简方》系列著作，《温州近代医书集成》的《松龄医铎》《华佗疡科拾遗》《伤寒论讲义》及利济医学系列著作，还是《丹溪逸书》，以至“国家中医药管理局中医药古籍保护与利用能力建设”项目的《医林绳墨》《医林绳墨大全》《医林口谱六治秘书》《坤元是保》等，都照此办理。

这项工作进行得很是顺利，上海科技出版社已请人抄录了原文，承担了许多工作量，因此我仅用两个多月时间，五月十七日就完成了《王孟英医案》全书标点。校勘稍有点麻烦，寻找不同版本就不容易，颇花费了一些时间，幸石念祖《王氏医案绎注》学院图书馆有藏，也就顺利地找齐了所需版本。底本是初刊本，质量颇佳，时代已属晚清，文字、语句都比较浅显，所以校勘难度不大。《回春录》详于杂病，《仁术志》详于外感，两相结合，全方位记录了一代大医王孟英的临床经验。审症溯因，辨脉论病，可察孟英辨证之明晰细致；随证处方，不拘成法，自见孟英论治之纯熟详审。《王孟英医案》于研究王氏学说有重要价值，于现实的临床实践也具参考意义，而整理过程是最好的学习，也是我最大的收获。

上海科技出版社颇为赞赏书稿质量，我和陆老师就不失时机地提出校点《朱丹溪著述四种》的建议，因我撰写毕业论文时考证发现,真正的丹溪著述仅《格致余论》《局方发挥》《本草衍义补遗》《金匮钩玄》四种，其余或后人编纂，或托名伪作，均不可信。出版社也热情支持，为此我们师生俩亦曾数次致信上海具体商议，我并动笔抄录四书，展开校勘工作，后来借出差之便还二登瑞金二路的上海科技出版社之门。交稿五年有余，一九八八年五月终于收到《王孟英医案》的清样，一九八九年九月二十三日收到散发油墨清香的新书，望着“陆芷青、刘时觉校点”字样，毕竟首次登上书籍封面，激动不已。《王孟英医案》为我整理医学古籍开了头，而后校点、整理、辑佚的古籍有数十种之多,直至担任“国家社科基金”和“国家中医药管理局中医药古籍保护与利用能力建设”项目的审稿专家，均起于此青苹之末。遗憾的是,《朱丹溪著述四种》最终未能成功，出版社迟迟不能列入选题，后来别人捷足先登，也就不了了之了，但前期的抄录、句点、校勘工作还是很有得益的。

东瓯代有才人出　长领风骚七十年

——新中国温州剧作家群掠影

◎ 张思聪

温州是南戏诞生地，中国戏曲的故里。南戏诞生时称剧作者为书会才人，《琵琶记》作者、名标中国文学史和中国文化史的明代瑞安人高则诚可算是温州历史上最大牌的才人。几百年过去，时光流转到新中国诞生，才人的基因在当代温州文化人身上生生不息，传承有序，戏剧文学创作也进入旺发期，出现了一支国内有影响的剧作家队伍。这支队伍，人数比较多，老中青梯队结构比较合理，处于高水平线上时间比较长。他们的作品数量比较大，不仅能满足本地剧团演出需要，还有多人多部作品为省内外以至国外剧团采用。更可贵的是作品生命力强大，好多剧作观众非常欢迎，雅俗共赏，长演不衰，社会效益和经济效益双丰收。真可谓东瓯代有才人出，长领风骚七十年。

上世纪五十年代，温州的新中国第一代才人登台，何琼玮和尤文贵是代表人物。何琼玮一九二八年出生于乐清芙蓉村，曾任《温州日报》编辑兼记者，一九五六年根据民间故事和温州乱弹小戏《高机卖绡》创作了大型瓯剧（时称温州乱弹）《高机与吴三春》，轰动一时，被誉为浙南的《梁山伯与祝英台》。这个戏历经几代传承，多人加工，但基本面貌没变，至今还是瓯剧最具标志性和代表性的剧目。尤文贵则系一九三〇年出生的平阳才子，解放初期先后在文工团和文化馆等部门工作，能编能导能演，还能画布景，堪称全才。其创作的《雷雨夜》当时也享有盛誉，发表在国家级刊物《剧本》月刊上。这两位年富力强，正欲在戏剧创作领域大显身手之时，不料却被打成“右派”，无奈搁笔，岁月蹉跎，直至二十年后才重出江湖。除这两人外，还有陈又新写过越剧《星星之火》、李晓东写过歌舞剧《东海人鱼》等，也都深获好评，颇有影响。

上世纪六十年代现代戏盛行，最著名的剧作当数沈国鋆的瓯剧小戏《东海小哨兵》，反映与敌特的战斗，原是瓯剧大戏《东海红缨》的一场，后独立出来自成小戏，反倒出彩，有文戏有武戏，表演很有特点，曾参加华东会演，全国好多剧种学演，后还被拍成美术影片。还有张国然、黄世钰创作的农村题材越剧《闯关》，在省里有一定影响。另外，著名九叶派诗人唐湜被打成“右派”后回到温州家乡，也编写过永嘉昆剧《百花公主》等戏，深厚的功力让外人对温州戏剧的底蕴不敢小觑。至于六十年代后期开始的“文化大革命”实际上是大革文化命，编剧们纵有满腔热情，也只能徒唤奈何。张国然等创作的越剧《农奴戟》，我创作的越剧《七女闹海》，虽然都有一定的生活基础，艺术上也有一些想法，但当时一切创作都须走“三突出”的套路，所以最终都不成功。

直到粉碎“四人帮”，文艺得解放。新老才人们的热情和才华开始如火山般爆发，我和金帆、沈绍铮（日报记者沈绍真）、白希濂合作的话剧《决战》，和我创作的话剧《光明行》、尤文贵和姚易非创作的木偶剧《时针飞转》这三部剧作先后晋省演出，囊括各项大奖，拉开了温州剧作家和其剧作跻身省内各地市前列的帷幕。另外，张国然根据同名小说改编的越剧《啼笑因缘》风靡上海滩。业余作者倪关均也拿出了小话剧《牛郎之歌》，在全国总工会系统引起轰动。

上世纪八十年代改革开放高潮掀起后，温州戏剧创作也进入一个前所未有的新时期。一九八一年地市合并后成立了市剧目创作室（后改名为艺术研究室、艺术研究所、艺术研究院），温州戏剧创作有了强有力的组织领导机构。时任市文化局分管副局长翁焕新原是著名导演，熟谙艺术创作规律，将培养本土编剧，抓一剧之本的剧本创作作为重中之重。而且工作细致，许多事亲力亲为，一抓到底。剧目创作室首任主任（所长）黄世钰是位剧作家，有着非常丰富的戏剧创作经验，但他放弃自己创作，愿当伯乐。我从当他的副手直至接任其职，与他长期相处，深感他知人善任，能根据各位作者不同特点不同对待，充分调动大家的积极性，千方百计创造条件，让专业人专心干专业事。温州剧作队伍以后能有比较大的气候，他和翁焕新功不可没。其时老剧作家尤文贵回归后宝刀不老文思泉涌，率先出手写出《仇大姑娘》（与人合作）及《憨痴传奇》《浮沉记》《蝴蝶梦》《东瓯才人》等佳作。更可贵的是他针对当时创作队伍青黄不接的情况，甘为人梯，化费大量时间和精力，用自己特有的方式培养出郑朝阳（越剧《宫墙柳》《洗马桥》《温州女人》、瓯剧《洗心记》《东瓯王》等作者）、施小琴（越剧《出宫回宫》《范蠡救子》、京剧《青蛇》、昆剧《折桂记》、木偶剧《蓝星星之歌》等作者）、汤琴（越剧《雪剪梅》《章纶》《柳市故事》等作者）三位女剧作家。郑朝阳和施小琴系平阳人，汤琴则是乐清人，她们都接受过高等教育，在教育或新闻部门工作，有灵性有才气，又非常热爱中国民族戏曲。她们的出现，给温州剧坛带来了一股青春的气息，为温州能有一支老中青相结合的剧作队伍起到了关键作用。这段时间，还有许多作家也投身到剧作队伍。如文艺界尊敬的老领导郁宗鉴写出越剧《丽人劫》《沁公主》《温州知府》，著名作家刘文起也出手写了越剧《秦宫遗恨》《凤凰楼》，著名寓言作家张鹤鸣写的越剧《海国公主》改编自丹麦安徒生童话，是国内第一个将国外名著用越剧形式搬上舞台的大胆尝试，该剧还晋京进中南海演出，体现了温州人在文艺领域敢为人先的精神，成为一时的热门话题。著名诗人叶坪也改编了越剧《是我错》等。另外，还有许多业余编剧也在当时戏剧不景气的大环境下依然乐于此道，如汤一钧的越剧《冰玉记》和女作者陈芊芊的越剧《香妃》等就由专业剧团演出。特别是九十年代初，在社会上自己办厂的张烈凭着对戏曲事业的真挚之爱，放弃已有一定规模和收益的企业，毅然表达进入文艺队伍的愿望，市文化局慧眼识珠，果断决定接收他为专业编剧，从而温州编剧队伍多了一位著名剧作家。到了九十年代后期，这支队伍可以说已经兵强马壮，整装待发，跃跃欲试，于是水到渠成，就有了著名的南戏新编剧目工程的启动和实施，《荆钗记》（编剧张思聪）、《白兔记》（编剧顾颂恩）、《拜月记》（编剧施小琴）、《杀狗记》（编剧尤文贵）、《张协状元》（编剧张烈）、《洗马桥》（编剧郑朝阳）六部剧作联袂上台，好评如潮，特别是能雅俗共赏，既受广大新老观众喜欢，又蒙专家青睐，成功进入中国戏剧节、中国艺术节、中国昆剧节等国家级展示平台，一举夺得多项国家级大奖，温州剧作家队伍在全国舞台上做了一次漂亮的集体亮相，戏剧界随之也就有了“温州剧作家现象”之说，引起广泛关注，认为一个地级市能有这么一支队伍实属罕见。

进入新世纪后，温州的剧作香火依然不断，老一代剧作家笔耕不辍，又一代新人也在崛起。著名网络文学作家蒋胜男，作家、导演、文化策划人秦放等就是代表，他们分别创作的越剧《未央长歌》和话剧《谢灵运》充满活力，颇见功力，前途不可限量。著名作家李涛也涉足戏曲创作，拿出了越剧《风乍起》，还和我合作了瓯剧《兰小草》。

温州剧作家队伍除给本地剧团写戏外，其强大之处还在于能冲出温州，走向全国，进军省市外甚至国外许多演出团体，可以说是个剧本输出大市。据不完全统计，尤文贵为安徽徽剧团、浙江昆剧团等写过《杨贵妃后传》《浮沉记》等戏；张烈为江苏、湖南、浙江等全国多个昆剧团写了《公孙子都》《湘水郎中》《小孙屠》等戏，韩国也上演了其代表作《张协状元》，成为新时期我国写作昆剧最多的剧作家；郑朝阳、施小琴都为本省和省外剧团写过《洗心记》《木兰别传》《苏秦》《戏娃》《骊宫秘史》《孔雀翎》等多部剧作。我有《女老板秘史》《手拉手我们是朋友》《追梦》《丰碑》四部话剧（其中部分与人合作）在浙江话剧团演出，浙江小百花越剧团的《南唐遗事》、浙江越剧团的《孔雀街新潮》、杭州话剧团的《车队从这里经过》、杭州滑稽剧团的《好运气》、宁波小百花越剧团的《国色天香》、宁波甬剧团的《一夜新娘》也都是我写的戏，多个省市和新加坡潮剧还演出过我的《荆钗记》。

更可贵的是温州剧作家们的作品不仅广为流传，而且久演不衰，这是很难的。我们见到太多短命之作了，不少戏化费几百万元投资，演出一二场就束之高阁的现象屡见不鲜。但我们温州剧作家的很多戏，特别是南戏新编剧目二十年换了几代演员至今还常演常新，有一个团将一个戏演过一千场的。而且同一个戏，常常被多个剧团同时搬演。温州剧作家的作品之所以那么受欢迎，当然有其原因。国内戏剧理论界将新中国戏剧创作分为几大流派，其中“浙派戏剧”占有很重要的地位，有着鲜明的特色和风格。著名剧作家、浙派戏剧的领头人顾锡东先生曾说：“浙江戏剧近年来大都注意适应时代观众的欣赏要求，较多立足于能够上演而获得观众欢迎。”他将这种创作风格命名为“浙派”。著名戏剧理论家王安葵先生非常赞成顾先生的说法。他和许多专家评价浙江的剧作是从不故弄玄虚，始终把观众放在心里，特别接地气，观众特别喜闻乐见。其实这不奇怪，这就是南戏的传统，南戏最大特点就是它来自民间，又扎根民间。温州是南戏故里，南戏的精神、南戏的人民性始终渗透在温州剧作家们的一笔一画中，自然是浙派戏剧最忠实最坚定的践行者，也可以说正是“人民至上”这一理念在文艺创作中的具体体现。

回顾走过的道路，我觉得我市在组建剧作家队伍方面也有很多东西可以留给后人借鉴。文学创作是个体化非常强的精神劳动，戏剧创作是文学创作的一部分，当然主要靠剧作家独立思考个人努力，表现出自己强烈的个性。但是戏剧是一门综合艺术，不像小说诗歌，编辑审稿通过，发表以后就大功告成。而剧本在整个戏剧艺术中仅仅是第一道工序，只有在舞台上展示出来并且观众认可才算创作最终完成，这就需要导演、作曲、舞台美术以及演员们参与创作，还需要有关部门组织表演团体列入排练演出计划。实践证明，有适度地组织参与能使剧作更快更好地成活和成功。我们温州戏剧创作的组织工作几十年里就是这样做的，我认为至少有四条措施非常得力，概括地说就是一室一会一刊一节。“一室”指成立了市剧目创作室（后改名为艺术研究室、艺术研究所、艺术研究院），这个机构诞生后，我市戏剧创作一改过去散兵游勇各打各的，无计划无组织状态，将全市各类创作专业的好手集中一起，鼎盛时期室（所）里所有人员都是高级职称，人们戏称其为“特高科”，有着很高的权威性和很强的凝聚力，而且工作任务明确，抓创作年初有计划、年中有措施、年末有检查，而且年年有变化，年年有进步，起到了关键的统领作用。“一会”是戏剧创作年会，这是上世纪七十年代末省里首创的，每年夏天将全省剧作家聚集一起，研讨剧作，畅开思想，大胆交流。第一期是一九七九年在避暑胜地莫干山举行的，参会者特别是中青年剧作者称其为剧作家的黄埔军校。特别是老剧作家带头，毫无保留地为他人的作品出点子想办法，变文人相轻为文人相亲，集思广益的结果是既出人才又出作品。上行下效，温州上世纪八十年代初就开始举办创作年会，几十年未曾间断，张烈、郑朝阳、施小琴等著名剧作家都是参加年会后才正式进入戏剧界的，而几乎全部优秀剧作都经过年会洗礼后才搬上舞台，如著名的南戏新编工程就是一九九八年在南麂举行的创作年会上策划筹备并最终落实的。“一刊”是创刊于上世纪八十年代的《温州剧作》。解放后全国的专业戏剧刊物寥寥无几，发表剧作难乎其难。有了这个刊物，我市的剧作家们就有了自己的园地，大大提高了创作积极性，而且留下了一笔宝贵的文字资料。新世纪后改名为《温州戏剧》，增加了戏剧理论和戏剧动态等内容，更加重它的分量。“一节”是指两年一届（后改为三年）的市戏剧节。上面已经说过戏剧的生命在于演出，再优秀的剧作如果没有演出也不能称为成功，因此市戏剧节就能起到敦促剧目创作落实付排的作用，成为展示检验成果的平台，进而扩大影响，提振信心，交流经验，以利再战。

温州戏剧能在七十年里长盛不衰，是几代戏剧人不断努力的结果。时代在发展，当前我市的戏剧创作也面临很多新的课题。我觉得最重要的一环还是剧作家特别是青年戏曲剧作者的培养问题，衷心希望有关部门能采取有力措施，让温州剧作家队伍的大旗不倒，南戏故乡的才人香火不但不断，还烧得越来越旺。这就是我——一个温州老编剧的殷切希望。

附录：温州市剧作者一九七七年至二〇〇〇年上演的主要创作剧目

一九七七年全省戏剧调演

话剧《决战》 温州市工人业余话剧团演出（张思聪、金帆、沈绍铮、白希濂）

京剧《海疆风雷》 温州市京剧团演出（王学龄）

瓯剧《碧海月圆时》 温州市瓯剧团演出（陈又新、沈国鋆、杨轲）

一九七九年浙江省戏剧调演

滑稽戏《好运气》 杭州滑稽剧团演出（张思聪）

一九八一年全省现代戏会演

话剧《光明行》 温州市文工团演出（张思聪）

木偶剧《时针飞转》 平阳木偶剧团演出（姚易非、尤文贵）

瓯剧《血染青山》 温州市瓯剧团演出（陈又新、沈国鋆、杨轲）

一九八三年浙江省第一届戏剧节

瓯剧《仇大姑娘》 温州市瓯剧团演出（郑朝阳、尤文贵）

话剧《车队从这里经过》 杭州话剧团演出（张思聪、胡月伟）

昆剧《浮沉记》 浙江昆剧团演出（尤文贵、李冰）

一九八五年浙江省第二届戏剧节

越剧《海国公主》 瑞安越剧团演出（张鹤鸣）

越剧《浮生恨》 温州市越剧团演出（张思聪）

越剧《莫问奴归处》 乐清越剧团演出（陈金良、李光耀等，陆贞芳修改）

一九八七年浙江省第三届戏剧节

话剧《女老板秘史》 浙江话剧团演出（张思聪）

瓯剧《蝴蝶梦》 温州市瓯剧团演出（尤文贵）

越剧《憨痴传奇》 平阳越剧团演出（尤文贵）

一九八九年浙江省第四届戏剧节

越剧《孔雀街新潮》 浙江越剧院演出（张思聪、尤文贵）

越剧《丽人劫》 温州市越剧团演出（郁宗鉴）

越剧《野山菊》 乐清越剧团演出（叶文之、陆贞芳）

一九八九年第二届中国艺术节

越剧《孔雀街新潮》 浙江越剧院演出（张思聪、尤文贵）

一九九一年浙江省现代戏调演

瓯剧《花谷惊魂》 温州市瓯剧团演出（张思聪）

越剧《照胆儿女》 瑞安越剧团演出（张鹤鸣）

一九九二年浙江省第五届戏剧节

越剧《宫墙柳》 平阳越剧团演出（郑朝阳）

越剧《寒江雪》 温州市越剧团演出（张烈）

越剧《香妃》 乐清越剧团演出（陈芊芊）

一九九四年中国小百花越剧节

越剧《南唐遗事》 浙江小百花越剧团演出（张思聪、顾颂恩）

越剧《宫墙柳》 平阳越剧团演出（郑朝阳）

越剧《柳湘莲和尤三姐》 选场平阳越剧团演出（郑朝阳）

越剧《海国公主》 选场瑞安越剧团演出（张鹤鸣）

越剧折子戏《斩经堂》 温州市越剧团演出（张明）

一九九五年浙江省第六届戏剧节

话剧《手拉手我们是朋友》 浙江话剧团演出（张思聪、童汀苗、顾天高）

越剧《出宫回宫》 平阳越剧团演出（施小琴）

越剧《沁公主》 乐清越剧团演出（郁宗鉴、张烈）

瓯剧折子戏《独木关》《潘金莲》 温州市瓯剧团演出（张烈）

瓯剧折子戏《百花公主》 温州市瓯剧团演出（林植民）

一九九七年浙江省第七届戏剧节

越剧《荆钗记》 温州市越剧团演出（张思聪）

越剧《戏》 永嘉越剧团演出（张烈）

木偶剧《蓝星星之歌》 平阳木偶剧团演出（施小琴）

一九九七年第十一届国际木偶节（墨西哥）

木偶剧《时针飞转》 平阳木偶剧团演出（尤文贵、姚易非）

木偶剧《蓝星星之歌》 平阳木偶剧团演出（施小琴）

一九九九年第六届中国戏剧节

越剧《荆钗记》 温州市越剧团演出（张思聪）

二〇〇〇年第六届中国艺术节

越剧《荆钗记》 温州市越剧团演出（张思聪）

越剧《国色天香》 宁波小百花越剧团演出（张思聪、顾颂恩）

二〇〇〇年首届中国昆剧节

昆剧《张协状元》 永嘉昆剧团演出（张烈）

二〇〇〇年浙江省第八届戏剧节

越剧《洗马桥》 乐清市越剧团演出（郑朝阳）

越剧《拜月记》 平阳越剧团演出（施小琴）

瓯剧《杀狗记》 温州市瓯剧团演出（尤文贵）

话剧《丰碑》 浙江话剧团演出（童汀苗、张思聪、顾天高）

二〇〇三年浙江省第九届戏剧节

越剧《晋文复国》 温州市越剧团演出（张烈）

越剧《一夜新娘》 乐清越剧团演出（张思聪）

木偶剧《神奇的雀翎》 平阳木偶剧团演出（施小琴）

越剧《木兰别传》 绍兴小百花越剧团演出（郑朝阳）

二〇〇三年第七届中国戏剧节

越剧《洗马桥》 乐清市越剧团演出（郑朝阳）

二〇〇三年第二届中国昆剧节

昆剧《杀狗记》 永嘉昆剧团演出（张烈）

二〇〇三年第二届全国木偶皮影金狮大赛

木偶剧《神奇的雀翎》 平阳木偶剧团演出（施小琴）

二〇〇六年首届中国越剧节

越剧《宦门浪子》 温州市越剧团演出（张思聪）

二〇〇六年浙江省第十届戏剧节

瓯剧《洗心记》 温州市瓯剧团演出（郑朝阳）

越剧《宦门浪子》 温州市越剧团演出（张思聪）

越剧《杨贵妃后传》 乐清越剧团演出（尤文贵）

昆剧《琵琶记》 永嘉昆剧团演出（谭志湘、林天文）

昆剧《公孙子都》 浙江昆剧团演出（张烈）

二〇〇六年第三届中国昆剧节

昆剧《公孙子都》 浙江昆剧团演出（张烈）

昆剧《折桂记》 永嘉昆剧团演出（施小琴）

昆剧《湘水郎中》 湖南昆剧团演出（张烈）

昆剧《小孙屠》 江苏昆剧院演出（张烈）

二〇〇六年第八届中国艺术节

昆剧《公孙子都》 浙江昆剧团演出（张烈）

二〇〇九年浙江省第十一届戏剧节

瓯剧《高机与吴三春》 温州瓯剧团（张烈改编）

越剧《温州女人》 温州市越剧团演出（郑朝阳）

昆剧《荆钗记》 永嘉昆剧团演出（张思聪、何琼玮）

二〇一二年第五届中国昆剧节

昆剧《金印记》 永嘉昆剧团演出（张烈）

二〇一三年浙江省第十二届戏剧节

越剧《大唐骊歌》 温州市越剧团演出（张思聪）

瓯剧《东瓯王》 温州市瓯剧团演出（郑朝阳）

越剧《章纶》 乐清越剧团演出（汤琴）

京剧《雷峰塔》 浙江京剧团演出（施小琴）

二〇一四年第四届中国越剧节

越剧《大唐骊歌》 温州市越剧团演出（张思聪）

越剧《章纶》 乐清越剧团演出（汤琴）

越剧《双狮图》 平阳越剧团演出（施小琴）

二〇一六年浙江省第十三届戏剧节

京剧《大渡河》 浙江京剧团演出（施小琴）

二〇一八年第五届中国越剧节

越剧《风乍起》 温州市越剧团演出（李涛）

越剧《柳市故事》 乐清越剧团演出（汤琴）

越剧《苏秦》 绍兴小百花越剧团演出（郑朝阳）

二〇一九年浙江省第十四届戏剧节

瓯剧《兰小草》 温州市瓯剧团演出（张思聪、李涛）

越剧《风乍起》 温州市越剧团演出（李涛）

越剧《柳市故事》 乐清越剧团演出（汤琴）

（括号内为作者姓名。限参加省级以上演出比赛，不包括非本市作者剧目。根据手头资料整理，如有错漏，敬请指正）

张红薇郑曼青章左平往事

◎ 章震天

我的曾祖父章献猷（味三），是章纶的后裔，浙江瑞安人，和蔡元培同年中举，历任广东嘉应州知州（从五品）、北大预科教员、北京国会众议院议员。

曾祖母张光，字德怡，别字红薇，一八七八年五月十八日生，张孚敬后裔，著名工笔画家。九至十六岁随兄郎西识字读唐诗，十六至二十岁随同里名画师汪如渊先生学画。二十一岁（一八九九年）时，嫁章献猷。二十六岁（一九〇四年），毕业于北京女子师范学堂。一九〇四年至一九一四年，随章献猷在广东生活，并任私立洁芳女子师范学堂监督兼教授。一九一四年至一九二一年，在温州故里教授学生。一九二一年至一九二六年，任北京艺术专门学校教授。一九二七年至一九三〇年，任上海美术专门学校教授，时刘海粟任校长。一九三一年至一九三七年，任杭州艺术专门学校教授。著有《红薇吟馆诗集》《忘忧吟草》，作有工笔大作《百花留春图》手卷（长三丈）及《百菊合图》等。

祖父章孟元，北大毕业，中年病逝。祖母顾勋德，天津名门之女，毕业于北京女子师范学校。

父章左平，一九二五年出生在天津，五岁时因父母离异，遂离开天津到上海，和章献猷、张光一起生活。

父亲到上海时，章孟元在同济大学工作，张光和郑曼青在中国文艺学院任教，张光和郑曼青的国画老师同为汪如渊老师，他们当时的朋友有马孟容、马公愚、方介堪、陈仲陶等。

郑曼青二十五岁时去安徽芜湖随名医宋幼庵学中医，并到常州宿儒钱名山的寄园拜师学诗文，不到三十岁已集诗文、书画、中医、拳术等技艺于一身。父亲从童年到成年跟随郑曼青有十九年的岁月。当时他们都住在上海福熙路（今延安中路）明德里五十二号，篆刻家方介堪先生住在隔开两个门牌号的五十五号，家里经常往来的书画家、诗人有马孟容、马公愚、戴家祥、张大千、张善孖、谢玉岑、谢稚柳、徐悲鸿等，打拳的有叶百陵、濮冰如（女）等。当时郑曼

张红薇

郑曼青

章左平

青是上海知名画家，在明德里授课教画，学生有庞左玉、丁筠碧、黄达聪、黄景华、孙孟昭等，孙和她丈夫就住在楼上三楼。郑曼青应日本东京美术学院之邀，与王一亭、张大千等一起去日本进行美术交流访问，回来后不久“一·二八”战起，日本军队占领了闸北，烧了商务印书馆，老百姓都从苏州河北往租界里逃，马孟容一家当时也逃到明德里来住。

明德里住了三年左右后，曾祖父去了南京中央研究院工作，曾祖母应聘去了杭州艺专，郑曼青则准备去常州钱名山的寄园深造，而父亲正好腿伤行动不便，郑曼青和太极大师杨澄甫商量，把他暂时寄托到杨家。杨澄甫和郑曼青交情很深，此前杨的鼓胀病和他夫人的病都是郑曼青治好的。杨澄甫是杨氏太极拳的宗师，郑曼青曾参与编撰杨澄甫的《太极拳体用全书》，并得杨氏真传。父亲养好腿伤后，被送回温州读书，那时父亲九岁。

章家的温州老房，在温州南门外荷花庄三十六号，又叫孟宅屋。房子很大，门外是石板路，有好几进，进门第一进两旁是空旷的石板地，并有对称的两间房子，中间是一座磨石板地的大厅，大厅前有一对石狮，随之进入二进、三进。房子由两个正间、一个客厅、一个厢房组成，客厅又分前后两间，客厅的前面通往一个小花园，有一个大荷花缸种着荷花和不少树木花草。客厅后半则是一排书橱，有一个专藏《二十四史》的书橱，还有很多刻有“红薇吟馆”的玻璃落地书橱，里面全是曾祖父的藏书。最后面是一个柴仓，厢房后面是厨房，后进可以一直通向河边，富有乡村味道。父亲的太祖母过世后，房子由红薇老人的姐姐、也就是郑曼青的母亲来看管。父亲回温州后，在温州中学的附属小学念书，前后在老房子里住了二年左右。

红薇老人的姐姐共有六个孩子，郑曼青是老四，前面有一兄二姐，后面还有两个弟弟。红薇老人对大姐姐的子女很照顾，和丈夫章味三一起培养了姐姐的大女儿郑振勤和郑曼青。

在温州第二年暑假的时候，红薇老人和郑曼青回温州探望亲友。那时，常来家做客的有刘景晨、梅冷生、严琴隐、蔡冠夫等。

一九三五年冬，父亲十一岁的时候，红薇老人从杭州来信说希望他去杭州陪奶奶，并想培养他学画。这样父亲就离开温州去了杭州，此后一直没有再回去。

在杭州，父亲和红薇老人住在白堤平湖秋月对面莲池庵的一座平房里，房子前面有个独立小院，开门出去就是白堤。那时艺专就在白堤从平湖秋月到中山公园之间，来去非常方便。红薇老人看父亲喜欢画画，和郑曼青商量后决定让他在书画方面打好基础，以便日后可以考进艺专学画。

当时艺专的校长是林风眠，教务长是林文铮，教授有潘天寿、吴大羽、蔡威廉、雷圭元等。经常来家的有潘鉴宗、夏承焘、唐玉虬等。学生经常来家请红薇老人指点画艺的男生有李寿青（后改名长白），女生有张琳英（后改名林英，并与同学、油画名家董希文结婚）以及还有张道藩的妹妹张道诚、张道珉等。

一九三六年夏，红薇老人带父亲去南京，因为当时章味三在南京中央研究院工作，郑曼青则应中央军校教育长张治中之聘在中央军校任教官，专教拳术。他们都住在南京大悲巷培裕里。红薇老人到后，和郑曼青在南京举办了一次画展，朱彊村、于右任等为画展题词，参观的人很多，订画的人也很踊跃。那期间，父亲又见到了经亨颐、方介堪夫妇、谢稚柳、张目寒等。

在南京期间，有芝加哥及柏林画展前来征集画作陈列，红薇老人的参展作品获得一等奖。

一九三七年夏，红薇老人和父亲结束了在杭州的生活。随着卢沟桥事变，八月十五日南京拉响了防空警报，战火纷起，大家开始了逃难生活。因为没有作长期离家的心理准备，所以出走时只带了随身衣服和红薇老人的《百花长卷》《百菊图》等几幅画，其他家里的所有物件就此随着战争而流失。

当时按照郑曼青的安排，他们四人先乘火车到了芜湖，曼青带他们去拜见了宋幼庵老人，第二天又乘船去大通，在那里上了九华山并住进了祇园寺。祇园寺的方丈智融法师是郑曼青的朋友，能诗会画。还见到了智融法师的胞兄道行法师，他是郑曼青中医外科的传授者，对外科有着很深的造诣，人称关师傅。在九华山上住了两个多月后，因南京政府已迁往重庆，全家在郑曼青的带领下，又去了安徽巢县，住在张治中的弟弟张文心的家里。到巢县后，郑曼青的学生和朋友都来看望他和红薇老人，有美专学生童雪鸿、巢县中学校长陈灌芜及地方绅士汤梦周、陶静庵等。郑曼青则应张治中之邀又去了湖南。在巢县住了一个多月，外面又不太平，郑曼青从长沙来信说已在长沙任湖南省国术馆副馆长，这样春节后我们全家转去了长沙，并在长沙住了将近一年，之后辗转去了重庆。

一九三九年到重庆后，曾祖父去中央研究院报到，那时每天有日本飞机轰炸，红薇老人经友人介绍住到了比较安全的乐歌山云顶寺，房客都是有一定身份的人，有立法委员刘克儁一家，红薇老人的同乡侄辈、立法委员戴夏，傅作义的夫人和女儿，画家柯璜老先生及其弟子等。云顶寺后面有一座砖砌的楼房，是国民政府主席林森的别墅。山上大部分建筑都在几百级台阶下的山腰处。那时，红薇老人在教育部找了一份编写文章的工作，把历史人物传记的文言文译成白话文，编辑后邮寄过去就可以，这样避免了山上山下往复的劳顿。

在乐歌山时，父亲跟随红薇老人见过林森。林大概每两周来一次别墅，他想让红薇老人在别墅的山岩上题诗。红薇老人写了一首诗，头两句是："乐歌山上寻禹迹，茫茫孰辨数千年……"用斗笔写好多张，从中挑选了一张在林上山时交给了他，后来那首诗就摩崖在别墅旁的山岩上。林曾赠送周君素篆书《金刚经》册页给红薇老人。一九九八年，父亲把这本册页连同一批红薇老人和郑曼青字画，以及徐悲鸿《奔马图》等共八十三件藏品，捐赠给了温州博物馆，以供后人观赏。

之后，郑曼青也从长沙来到乐歌山上住。从那开始，重庆进入一个相对稳定期，大家都搬回了城里住，郑曼青决定挂牌开业做中医师。开业一段时间后，三十八岁的郑曼青开始筹备结婚了，未婚妻是民国第一任航空署长丁锦（慕韩）的四小姐丁惟庄。结婚场面很大，主婚人是曾祖父，证婚人是陈其采，来宾中有张治中、何应钦等。

那时，郑曼青好友、诗人陈仲陶也来到重庆，并经常来家里，父亲章左平就借此机会拜他为师学诗。

郑曼青白天忙诊所的事，晚上还要教太极拳。父亲则白天在诊所帮忙，晚上太极拳助教。父亲因长年跟随郑曼青，得到郑曼青的悉心传授。一九四四年四月一日，重庆市政府召开了国术竞赛会。在分级比赛中，父亲取得了推手少年组第一名并获得奖金，陈立夫亲授锦旗和奖章。父亲还先后随郑曼青去中央训练团、外交部、银行公会等单位协助教拳。

红薇老人、郑曼青都是花鸟画家，照理说父亲应该学花鸟比较容易继承，但郑曼青希望父亲学人物画。父亲学画，主要临摹古人画谱，虽然由郑曼青教授一些用笔和布局，但还是有些事倍功半。在这种情况下，经过几年的努力也取得了一些成绩。一九四三年，父亲和红薇老人、郑曼青一起在重庆举办了一次三代画展。父亲有一幅代表作《卖浆图》,章味三拟了一段诗和一段跋,那时他已生病,由郑曼青夫人代题,此画也于一九九八年捐给温州博物馆。这一年,曾祖父在重庆去世了。

在重庆的几年中，郑曼青交际很广。红薇老人也以她的影响力收了几位义女,一位是军政部兵役署中将署长程泽润的夫人余惠芳,一位是陆军少将何毅吾的夫人伍衡秋，又收了几位女弟子，一位是实业家康心远的夫人王棣华，一位是吴国桢的夫人黄卓群。这里重点讲一下黄卓群：她是一位让人尊敬的女性，父亲是立法委员黄金

张红薇绘《芙蓉青芦》

郑曼青绘《青莲图》

涛，毕业于上海中西女中，能说一口流利的英语。不满二十岁嫁给了美国留学回来的吴国桢，相夫教子并参加外交活动，是吴国桢的贤内助。

一九四四年三月，危地马拉总统邬必珂搬迁新总统府，蒋介石让外交部次长吴国桢前往红薇老人寓所，请红薇老人作画作为蒋主席赠送给危地马拉总统的礼品，红薇老人创作了一幅《百寿富贵图》大中堂，并题诗“乔木齐云翠叶香，牡丹花发丽朝阳。彩毫万里传西国，为写高迁绶带长”。蒋介石和危地马拉大使看后非常赞赏。吴国桢夫人在随同前往红薇老人寓所时，提出拜红薇老人为师学画，并行弟子礼，自此开始了一段师生佳话，直至最后在上海离别。

一九四四年五月二十二日，吴国桢大妇在家中宴请英国大使薛穆夫妇和丘吉尔特使魏亚特将军，同席有张群和陈方，并把红薇老人、郑曼青和父亲三人也一起请去。晚宴后，对客挥毫。红薇老人连画三幅，一幅《芍药》赠薛穆夫人，一幅《风竹》赠魏亚特将军，一幅《兰花》赠吴夫人。郑曼青也分别作画相赠，陈方和父亲则画了一幅《仕女竹石图》（陈方画竹石、父亲画仕女）。大家相聚甚欢。

在重庆期间，郑曼青还参加竞选并当选了“国大代表”。

一九四四年九月，蒋介石五十八岁生日，因战事紧张概不受贺，

 章左平绘《卖浆图》

只接受各部院长前往国府签名祝贺，红薇老人画大中堂《黄花绶带图》为贺。蒋介石亲笔题匾“媲美徐黄”回赠。几天后，美大使高思将返美，深慕中国美术，蒋派吴国桢到红薇老人寓所购作品一幅作为礼物。红薇老人选了一幅绢本工笔，并题“露冷莲房坠粉红”的诗句，画作传色华媚，气韵生动，为红薇老人平生得意之作。蒋送高思后，高思大为欣赏，称之为中国美术之精品。

日本人宣布无条件投降后，郑曼青选择去南京继续挂牌行医，红薇老人则应黄卓群之邀决定去上海（当时吴国桢赴上海任市长），并一同乘飞机前往南京辗转上海。

回上海后，父亲和红薇老人一起住在四川路横浜桥的余庆坊，但红薇老人每年仍有不少时间住在安福路二〇一号吴公馆，为黄卓群教授画艺。这时父亲已是二十多岁了,为了专心向红薇老人学画，决心放弃人物画的学习，改为一心一意学画工笔花鸟。黄卓群在她家放了两张大画桌，一张自己用，一张给红薇老人用。父亲为了学画，同时为红薇老人保留画稿，每天一早起来去吴家，晚上吃过晚饭回家，这样一年多时间，为工笔画的学习打下了较好的基础。

一九四七年，红薇老人在上海新生活俱乐部举办了一次画展。一九四八年，红薇老人七十大寿，黄卓群为庆贺其生日，特意为红薇老人印制了一本珂罗版的画册，由陈仲陶写序，郑曼青为画册写了跋。之后时局又转紧张，吴国桢已调任台湾省主席。父亲和红薇老人就此和吴家分手。郑曼青一家也去了台湾。

鉴于当时的时局，父亲觉得靠学画谋生计不太保险，还应学点其他技艺，就报考了立信会计学校。一九五一年三月毕业后，进了戚墅堰铁路工厂任会计工作。红薇老人的家也从胶州路搬到了新闸路沁园邨，并在家开办了一个托儿所。

一九五五年二月，红薇老人被聘为上海文史馆馆员。一九五六年，任上海中国画院画师、江宁区人民代表。由于她把自己最珍贵的《百花留春图》长卷献给了北京中央人民政府，得到了副总理陈毅的亲笔慰问信。市委统战部来访问红薇老人，见她住处狭小，给她分配了陕西北路三十弄六号三层楼房里一层的房间（二层和三层入住的分别是著名越剧艺术家戚雅仙、毕春芳两家）。一九五九年，红薇老人因年岁已大需要照顾，她让我母亲也搬至陕西北路与她同住。

红薇老人九十岁时，被中国画院“造反派”抄家。当时她已耳聋眼花，语齿不清，但仍被车接到画院去批斗教育，陈毅的亲笔慰问信也在抄家时被一同抄走，就此遗失。

一九七〇年冬天，红薇老人在家去世，享年九十三岁。

（本文作者为章左平次子，根据《张德怡事略》《章左平回忆录》《艺兰馆随笔》等整理）

王服周事迹

◎方韶毅

张宗祥《铁如意馆题画诗》内有一首《为温州友人画山水》:“梅雨亭中几度游，十年尘梦忆温州。仙岩瀑布应无恙，看瀑人今已白头。”《不满砚斋稿》也收录此诗，“无恙”改作“如旧”，题为《为王服周兄画山水即题其上》(见上海古籍出版社《张宗祥文集》)。可知这位温州朋友是王服周。

记得五年前卢礼阳先生为撰《张宗祥与温州人士交游考略》曾发邮件来询王服周生平，我只查到《温属六县旅渝同乡会档案》有这个名字，匆匆作复。卢先生这篇大作近在其微信公众号上才拜读到，其中对王服周生平只提到:“王服周生平未详，抗战时期逗留重庆，一九四五年四月浙江省温州旅渝同乡会会员名册上有他的名字，仅此而已。”但卢先生的微信朋友圈、微博展示了些新发现:“王服周，一作复周，名冕。”《张炳勋先生谈王冕》:“王冕先生与敝家有戚谊，知其鳞爪，或君早知，不知有助否？王冕先生字复周，后更为服周。十三岁进学，许为神童，播为佳话，乐清光绪县志修成延期未刊，至民国元年由黄式苏、高谊、郑解、王冕重校付刊。王后亦攻新学，于一九〇九年毕业于温州府中学堂，继于上海入金融界，供职于某银行。曾介绍一同乡为金库管理，哪料该人监守自盗，携款外逃，迄无归案，致王亦有连累。鼎革后定居上海，与孙愚谷先生有来往，常乞孙撰挽联。后其迄无回乐，详情不知，无人可探问矣！”这使我有了把王服周的生平再查个究竟的兴致。

翻《温州百年》历届学生名录，宣统元年(1909)下学期毕业十八人名单中有王冕，同学中有后来成为书画家的马孟容、马公愚昆仲及诗人陈仲陶、金融界人士刘孔钧等。一九〇二年至一九二〇年教职员工名单有王冕、王复周，说明他曾在留校任教。不过该书编者以为王冕、王复周是两人，重复出现，应合并为一人。

温州府中学堂毕业后，王冕考入清华学校，一九三三年和一九三七年《清华同学录》均录有王冕(服周，籍贯浙江乐清),但分别归入前肄业生同学录、肄业生同学一栏，可能当时联系不到

刊登于《寰球中国学生会周刊》上的王服周照片

王冕，档案中又查不到，只好归入肄业生类别。

一九二〇年代初，王服周活跃于寰球中国学生会。此会是中国最早的留学服务团体，由教育家李登辉为首创办于一九〇五年，会所设在上海。检《寰球中国学生会周刊》，发现数条王服周线索。一九二一年七月二十一日第一一三期会员消息栏目有《王服周先生来沪履新》简讯："本会会员、前奉天中国银行行长王服周先生，现由上海浙江丝绸商业银行聘为经理，已于前日来申视事。"可知任浙江丝绸商业银行经理之前，王服周担任过奉天中国银行行长。一九二一年十月《寰球中国学生会年鉴》第二期、一九二一年十月三十日《寰球中国学生会周刊》第一二四期、一九二一年十一月三日第一二七期《寰球中国学生会周刊》则刊有王服周照片，分别为表彰赞助本会最有力者及介绍第三十届征求会。

王服周在上海时与温州同乡还保持着联系，可举两例。一是刘祝群一九二三年五六月间有上海、杭州之行。《疚庼日记》六月五日（夏历四月二十一）记，周守良、王服周、徐寄庼先后来访。二是张棡为他儿子张亹谋职，曾写信给黄溯初、徐寄庼、朱隐青等人求助，其中一封写给王服周，《张棡日记》一九二三年六月三十日（夏历五月十七）有记。信中说："别十余年，未通鱼雁，瓯树江云，时驰梦毂。比稔贤弟掌管银行，润身润屋，陶猗声名，已大非昔日

晚年王服周（王兴裕提供）

书生面目矣，健羡之至。”张棡所提“别十余年”，当指在温州府中学堂共事之日。王服周是张棡的学生，后成为同事。王服周结婚，张棡送过人情。《张棡日记》一九一〇年五月十日（夏历四月初二）有云:“付王君复周婚娶人情大洋一元。”后来王服周四处奔波，他们一度无法互通音信。王服周上海的联系地址，张棡是从黄溯初那里问来的。老师托办的事，王服周很上心。《张棡日记》一九二三年七月二十八日（夏历六月十五）记:“晚从莘塍邮局接到豐儿上海西门学生筹备所处平安信两封，一、六月初一发，一、六月十一发者，信中言：银行尚无位置，承王复周照应，先入南京高级商业簿计暑假专修科学习一月，以备入实业手续。因即于灯下写一长函复之，并寄一函与复周也。”一九三五年七月六日（夏历五月十七），张棡还为另一个儿子张鋆的事写信给王服周，“托其照应”。

一九三〇年代，王服周还担任过江西裕民银行武宁分行行长（一九三四年《全国银行年鉴》，见大象出版社《民国史料丛刊》第九五七册）。

一九四〇年代，短暂担任江苏地方银行泰县分行行长后（《上海银行业概况》，见中国时代经济出版社《中国近代沿海城市经济研究文献丛刊》第一一册），王服周来到重庆工作，转任中国农民银行会计处处长。该行办的《本行通讯》一九四一年第十六期、第二十一期及一九四二年第三十期，曾刊登王服周三篇工作报告。当时，中央银行、中国银行、交通银行、中国农民银行四家曾成立联合办事处，拟制定银行业标准会计制度，从统一各银行会计科目名称及内容着手，王服周任设计委员会副主任委员。

通过翻阅书刊和检索有关数据库，虽然知道了王服周大致的履历，但他生于何年、去世于何时，一九四九年后他又在哪里工作，依然是个谜。这时我发现上海交通大学出版社出版的《冠廷诗词集》提到王服周,即在网上下单买了一本。此书作者胡廷黼为沪上名医、震旦大学教授，可惜英年早逝。令人兴奋的是，原来胡廷黼是王服

一九五三年，王服周（前排右一）与太太陈玉芬（前排中）等家人在上海复兴公园留影。（原刊《冠廷诗词集》）

周的儿女亲家，而且胡廷黼夫人陈蓉芳和王服周夫人陈玉芬还是堂姐妹。该书编者胡安东是胡廷黼的孙子、王服周的外孙，他有文章回忆：“说到外婆和外公王服周的结合，也是有小插曲的。从祖父日记中可以看到，祖父和祖母常常在茶后饭余讨论外公和外婆的婚事。祖父当年认为外婆可以嫁得更好，他认为外公是续弦，即前妻去世了再找外婆结婚，所以祖父认为这婚姻对外婆有点不够十全十美。其实现在看来这件婚姻却是十分完美。外公十分疼爱外婆，此话一点也不假。我们小辈也是有目共睹的。再说外公王服周在学识上也相当了不起，毕业于清华学堂（清华大学的前身），母亲跟我说过外公是福建（按：应为浙江）乐清末代秀才。所以我对外公绝对是肃然起敬、五体投地的！再说外公身材高大、一表人才，即使拿到如今社会也是一个大帅哥，人见人爱的万人迷，或者叫作白马王子吧！所以当年外婆嫁给外公是郎才女貌，不说是绝配，也谓天仙配。不信大家可以看看王家后代，从我们熟悉的大舅舅、三舅舅到五舅舅，哪个不是才气冲天、一表人才。即使是外公外婆的独生女，我们的母亲王筱玉，也是上海药品商检科大名鼎鼎的王科长，当年进入上海的每一种药品都要经过母亲所在的上海市医药公司商检科的检验和批准，人命关天，责任重大。关于外公还有一件事我记忆深刻。我在兴国路外公家玩时，读过外公的自传，内中说道：‘我一身清白，我在政治上不介入任何一方，坚决不参加国民党。’现在看来当年以外公在农民银行的高级管理人位置，不加入国民党是件不容易的事，是有眼光的。”

我按照书中留下的联系方式给胡安东先生写了封信，请教他外公的生卒之年，并问王服周自传尚在否。但迟迟未接到回复，又只好电话求助于该书的另一编者，上海交通大学医学院档案馆刘军馆长，请她转告。几天后，我接到胡安东先生的电话，给了新的邮箱。他说不清楚外公更详细的生平，但他的小舅舅肯定知道。就这样，我与王服周的小儿子王兴裕先生联系上了。王兴裕先生告诉我，他父亲生于一八九一年五月五日，卒于一九六三年三月二十四日，享年七十三。父亲的祖母行医，得其资助才成就了父亲的学业。本要出国，但他祖母去世，就放弃了留学念头。父亲是有名的孝子，一九六〇年前曾回乡探亲，乡间船夫皆知其孝名。后一直在金融业服务，解放后在上海立信会计学校任教。父亲的自传已遗失。他记得家里曾有张珍贵的照片，是父亲温州府中学堂第一名毕业的奖状。

张炳勋先生所提王服周受牵连事，发生在江西裕民银行任内。王兴裕先生说，父亲要偿还失窃的资金，因此背了一身债务。虽然任银行高管，但家中并不富裕。此人一九六二年到上海找到父亲，负荆请罪，父亲原谅了他。

王兴裕先生说，父亲的结发妻因难产而亡，但孩子保下来了，即他的同父异母大哥。他母亲生育了十二个子女，活下来的只四男一女。他是最小的儿子，生于一九三三年，当时父亲四十二岁，在江西裕民银行任职，故取裕字为名。大哥王伯颜、二哥王兴和、三哥王兴衡、四哥王兴震、姐姐王筱玉都受过很好的教育，分别在西南联大、中央政治学校等校就读，现都已去世。他自己则毕业于海军工程学院（现海军工程大学），转业地方后在上海交通大学任教，担任过上海市高教电化教育馆副馆长、上海高教录像出版社副社长兼总编辑等职，在上海市教育委员会退休。

关于王服周事迹至此已大致清楚，我请王兴裕先生写篇回忆文章，以补民国温州人物志。虽然王服周今日名不见经传，但当年能入温州府中学堂、清华学校者，当为人中龙凤、瓯之骄子。

二〇二〇年十月二十七日

温州三次抗击日军的国际国内背景初探

◎王长明

抗战期间，日军曾三次侵占温州。但由于对温州抗战的系统研究一直付之阙如，特别是因长期存在着诸如温州位置偏僻、战略价值不大等成见，故而对日军入侵的战略意图与温州军民抗击的意义价值常常漠然视之。

通过系统梳理、严谨辨析国内外各类相关史料，笔者发现全面抗战初期，温州是中国人民支援世界反法西斯战争，与反法西斯同盟国援助中国抗战的重要枢纽，日军故而意欲切断之而后安。至抗战末期，由于美军计划在温州等地登陆，开辟由中国东南沿海进攻日本本土的前进基地，日军欲阻止之并策应所谓“大陆交通线战役”。温州在特殊历史条件下的战略地位凸显，故而日军的入侵有其重要战略意图，温州抗战是在宏大的国际国内背景下发生，具有不容否认的地位与价值。

第一次：温州成为全国性转运枢纽 日军切断抗战输血通道

（一）温州何以成为中国抗战的桥头堡

中国东南沿海的港口上海、厦门、汕头等地纷纷陷落，而温州港作为几个尚未沦陷的港口之一，就全国来说发挥着沟通东南沿海和抗战大后方的桥头堡作用。一九三七年十二月二十四日杭州沦陷后，浙江省政府初迁金华，次驻永康，又迁云和，均临近温州，温州与战时省会之间的交通能够保持基本畅通，因此，抗战期间温州始终是浙江战时省会对外海上交通的枢纽。而就全国来看，抗战全面爆发之初，中国沿海各港被日军封锁，同时国民政府出于防范日军入侵登陆之目的，亦将其控制区内各港口加以堵塞、封锁，这两种封锁，温州均在其列。但是在一九三七年末沪、杭沦陷之后最初的两年间，浙江境内中、日两军隔钱塘江对峙，此时日军进攻重点尚在黄河、淮河及长江流域，其对中国东南沿海封锁并不严。更重要的是中日双方又都想打破对方的封锁，取得自己所需的物资，温沪之间人员经济往来，明塞暗通[1]。抗战时期曾任浙江省主席的黄绍竑回忆："在杭州失守之后，只有富阳、余杭以北至吴兴、长兴前线，和南边隔着一条钱塘江，是壁垒森严，交通不便的，其余如宁波、海门、温州，差不多每日都有轮船到上海，上海好像是杭州敌人的后方，又好像是我们的后方。"[2]

一九三七年十月，温州航运商人为打破日军封锁，利用当时外国轮船可以进出港口这一有利条件，通过两艘英籍公司的轮船分别从上海、香港装载商品驶温，未受日寇阻挠。此后，航商群起仿效，一九三八年春，在军政当局的默许下，航商们通过更改船名、雇用外籍船长、悬挂外国国旗的形式，借用第三国名义开展温沪等航线的运输，未受日军盘查，到温物资经由瓯江内河水运至青田、丽水转陆运至金华，再经由浙赣铁路源源不断运往大后方[3]。至一九三八年十月，随着厦门、汕头、广州相继失守，温州作为转运枢纽的地位更加突出，温州此时虽未通铁路，但经由两百余公里的水路、公路可联通浙赣铁路，西南的锑、钨、桐、油、茶叶等农、矿产品由该处出口，以换取国外的军用品[4]。一九三八年进出温州港的外轮有六十九万八千九百二十九吨、华轮八万四千五百七十吨和木帆船三十万三千四百六十六吨，共一百零八万六千九百六十五吨，是一九四九年以前温州港进出口船舶吨位最多的一年，其中外籍商轮占有绝对优势。外籍船舶主要往返于温州和上海、宁波、福州、厦门以及汕头等通商口岸之间，其中上海为温州最主要的贸易对象港，温州至香港间的贸易较为频繁。除海运外，温州还有陆路

[1] 吴杰：《抗战时期的温州工商业》，温州市政协文史委编《温州文史资料》第二辑，1985年9月，第312页。

[2] 黄绍竑：《五十回忆》，岳麓书社1999年4月版，第500页。

[3] 俞光：《突破海上封锁线》，温州市政协文史委编《温州文史资料》第二十辑，2006年1月，第190至192页。

[4] 《中国抗日战争正面战场作战记》第218页。一些文章称温州是抗战时期我国东南沿海唯一的通航港口与转运枢纽是不正确的。至少在一九四一年以前，还有宁波、福州等港口未被日军侵占而得以通航。

通往杭州等沦陷区的物资交流输送渠道。

因此，在抗战之初，东南沿海各大港口相继沦陷的情况下，温州迅速成为浙、闽、赣、皖等省物资进出口的便捷港口，我国大后方与沦陷区的工农业产品及军需物资交流的重要枢纽，一时间客商云集、市场兴盛、各类物资堆积如山，港口吞吐量短期呈现数倍的增长，进出口货值一九四〇年达到近亿元，为抗战时期乃至民国时期最高峰，为一九三七年的七点八倍，可堪与同期尚未沦陷的宁波港相提并论。此时，航运业、报关业、金融业、商贸业高度繁荣[1]。因为温州的上述优势，新四军在此设立各类办事处，前线急需的药品、医疗器械，海外华侨捐献的军需医疗等物资都通过温州转运至皖南新四军总部。温州也是沦陷区流亡学生、青年奔赴抗日前线、革命根据地的重要中转站。国民政府也通过温沪航线将在沦陷区秘密招收的失业、失学青年转运至大后方，并培训为抗日急需的军政人员。抗战老兵钱萃回忆她和一批热血青年一九三九年先是以“后方工厂招工”的名义招收，再以“探亲”的名义乘意大利籍轮船抵温，由专人点收并带领前往江西，进入国民政府军事委员会战时工作干部训练团第三团第二期受训（后并入黄埔三分校）[2]。

在抗战初期温州是沿海与内地大后方的转运枢纽，是中国坚持抗战输血通道上的枢纽，是中国在最艰难的情况下坚持抗战最后生命线上的桥头堡，从世界反法西斯战争的角度，温州既是中国争取国际援助的枢纽，又是中国支援世界反法西斯战争的枢纽。

抗战时期，温州是国民政府指定的全国重要的桐油出口口岸，根据瓯海关统计从温州出口的桐油量曾连续多年占到全国出口量的将近三成，一九四一年日军侵占温州，就曾在温州抢夺了大量桐油。桐油在二战时期是极其重要的战略物资。因为它具有迅速干燥、耐

[1] 吴杰:《温州航运业概况》，温州市政协文史委编《温州文史资料》第六辑，1990 年 11 月，第 132 页。

[2] 钱萃:《我的黄埔从军经历》，二〇一〇年十月，见于其子的新浪博客。

高温、耐腐蚀等特点，无论是坦克、军舰、火车、飞机、装甲车还是大炮、机枪乃至手枪等，其防水防锈保养都离不开桐油。在当时我国是世界上最大的桐油种植国、生产国和出口国，产量和出口量都占世界的百分之九十以上，而美国则是世界上最大的桐油进口国。抗日战争初期，急需国际援助，此时的美国还在战争中执行着中立政策，这时候金融家陈光甫与学者胡适赴美求援，游说美国政要与金融家绕开政策，采用经济借款的形式在一九三九年二月八日获得美国进出口银行向中方公司贷款两千五百万美元，条件就是我们以五年内向美国出售二十二万吨桐油为抵押，由此获得了一批急需的抗战物资。此外，抗战初期德国向中国提供了大量的军火，也是以桐油来抵偿的。此外，从温州出口的还有矿砂、铅、锡等重要战略物资，还有汽车、汽油、航空油料，这些物资当然不是用在温州本地，而是运往大后方与抗战前线，足见当时温州对中国坚持抗战的重要作用。

（二）日军对中国抗战输血通道的切断作战

一九四一年四月十九日凌晨，日军第五师团第二十一联队约三千人[1]在军舰、飞机的配合下，由飞云江口突入。在袭取瑞安县城后，一路续沿永（嘉）瑞（安）公路、永（温）瑞塘河水陆并进北犯温州。另一路乘汽艇沿飞云江西溯至半浦、澄头登陆，翻越桐岭、小岭于二十日午前占领温州城，温州第一次沦陷。十三天后，日军按预定计划撤离，温州光复。

日军此次侵占温州是根据它《对华长期作战指导计划》要求实施的。该《计划》提出要对中国“力求加强地面、海上及空中的封锁，切断法属印度支那通道，以海军封锁海面及以陆军兵力封锁海

[1] 日军此次侵温部队番号及兵力据《桂林行营关于闽浙沿海及诸暨附近战斗检讨报告（1941年8月）》记载，见中国第二历史档案馆：《中华民国史档案资料汇编》第五辑第二编军事二，江苏古籍出版社，1998年4月，第388页。

港作战并行，加强在经济上对中国进行压迫[1]”，日军大本营据此于二月二十六日下达大陆第二二八号命令，规定“中国派遣军总司令官应对浙江省以北的中国沿海、华南方面军应对福建省以南的中国沿海，自现在起分别以一部分兵力，随时进行以封锁为目的的作战”。为此，中国派遣军将封锁作战列为一九四一年各项任务之首。一九四一年二月至四月，日军在广东实施香（港）韶（关）公路、雷州、汕尾等方面切断作战。四月十八日至十九日，日军几乎同时在浙、闽沿海地区发起攻势，并迅速侵占绍兴、宁波、台州、温州、福州等地，其中浙江方面的战事被称为浙东作战，日军发动此战的目的是切断援蒋通道，夺取“利敌”物资，可以说，一九四一年成为日军对我国沿海实施封锁作战最为频繁的一年。

（三）日军发动太平洋战争前的“热身战”

日军此次在浙东方面参战主力为中国派遣军第十三军第五师团，同时有第二十二师团、第十五师团在诸暨一带作战予以配合[2]。其中侵占温州的为日军第五师团第二十一旅团第二十一联队约三千人。第五师团为日军最早组建的七个师团之一，中日战争爆发前的十七个常备师团之一，曾创下在中国战场与七十余个师先后对阵的纪录，号称“钢军”，一九四〇年以后改编为日军四个机械化师团之一，最为中国人熟悉的是其第十九任师团长板垣征四郎，因此该师团也被中国人称作“板垣师团”。日军派遣这样的精锐部队侵入温州，足见它对温州作战的重视。

从国际大背景来看，日军想借此战训练主力部队的跨海登陆作战能力，为即将开始的太平洋战争做准备。简而言之，可称为把实战当演习，为太平洋战争做实战练兵。此次日军侵占温州发生于太

[1] 日本防卫厅防卫研究所战史室著，田琪之、齐福霖译，中华民国史资料丛稿译稿《中国事变陆军作战史》第三卷第二分册，中华书局，1983 年 3 月，第 101 页。

[2] 同上，第 115 页。

平洋战争爆发的前夜，此前日军已于一九四〇年下半年侵入原本由法国人控制的越南（也是这个后来入侵温州的第五师团），可视作日军对进军东南亚的试探。

一九四一年三月至四月，日本大本营进行陆海空实兵联合演习，依次假想占领马来亚后继续攻占新加坡。第五师团从上海返回日本北九州与第五飞行集团一起参加本次演习。演习结束后第五师团迅速跨越东中国海，长途奔袭两千余里，于四月十八日至十九日，在宁波、象山之石浦、台州之海门、温州之瑞安等地同时登陆。此外，日本的华南方面军从海上侵占福州等地。

日军这一次采用的所谓“奇袭”战术，有点类似于闪电战，也就是战前秘密准备、战事发动突然，海陆空相配合快速进攻，集中主要战略力量用于首次战略突击，谋求初战决胜。当然，相对于希特勒德国，日军的装备水平低下，兵力投入相对要少得多，此役如果称之为闪电战，那也是非典型的。但是以第五师团一个联队（满编约三千八百人）用来打击暂编三十三师这样的部队（四千六百余人），已经是绝对的压倒性优势，在温州来去不过半个月，这种速战速胜速退，避免陷入长期缠斗难以脱身。总体而言，这是日军发动太平洋战争的一场“热身战”。

第二次：日军搜索英美潜艇补给基地与切断中国抗战最后生命线

（一）日军搜索破坏温州附近英美潜艇辅助设施

一九四二年夏，日军发动浙赣作战，旨在报复此前美军对日本本土实施的“杜立特轰炸”，摧毁浙江境内的航空基地，消灭中国第三战区部队。但温州境内的南塘、中央涂等军用机场早在抗战之初已被日军炸毁。日军此次侵占温州的主要目的其实是因认为温州附近存在秘密运输线和英美潜艇的辅助设施，故而决定在攻占我东南沿海重要空军基地丽水之后，继续向温州进攻，以进行相关的搜索与破坏。关于这一点，在战后日本防卫厅公开出版的日军战史仅有简单提及，而在近年来公开的日军档案则有详尽的记载。

日军当时掌握的情报称：温州瓯江下游沿海以及温州南方福建

省霞浦县境内的福宁湾、福鼎境内的三都澳附近极大可能存在英美潜艇补给基地，包括储油库、粮食仓库等。日本海军为配合陆军作战专门组织了所谓“急袭部队”。整个急袭部队的作战分为三期进行，第一期为六月一日至六月三十日，重点为急袭浙东沿岸岛屿及敌潜艇基地调查；第二期为七月一日至八月十七日，温州攻略作战。第三期为八月十八日至九月十六日，主要从事扫荡敌方潜艇，海匪讨伐、船舶护航。在第一期作战中，日本陆海军重点就温州及闽北福宁湾附近岛屿的敌潜艇基地进行了调查，同时解除了福建和平救国军的武装。在第二期作战，日本海军配合陆军开展温州攻略作战、抗战物资没收和温州瓯江、飞云江水路开启（指扫除中国军队所布水雷及其他障碍物），并于七月十七日在黄华村附近登陆，占领磐石卫城，扫荡附近村落，击破中国驻军，破坏军事设施。七月十六日，在日本海军向导之下陆军输送部分伤员及马匹从瑞安撤离，八月中旬日本海陆军相协同，将在温州附近抢夺之抗战物资运走[1]。

攻击丽水与温州的日本陆军部队从日军华北方面军第三十七师团（驻运城）和第二十六师团（驻大同）抽调组成，包括独立步兵第十三联队、步兵第二二六联队、辎重兵第二十六联队及山炮兵一个大队、工兵一个中队，约五千人，由第二十六步兵团团长小薗江邦雄率领。国内各类通行的史料称该部为“小薗江混成旅团”。小薗江旅团于一九四二年五月中旬到达杭州，二十三日进至诸暨，三十日抵达永康、武义附近，于六月十六日受命从龙游附近出发，攻克丽水及该城机场，并击溃敌军，二十四日，攻克丽水。该部还在丽水作战期间接到密令，“攻克丽水后准备进攻温州”。七月二日，第十三军命令该部：一举攻占温州附近，摧毁秘密运输线和英美潜艇辅助设施等之后，没收或销毁军用物资，完成任务后立即返回丽水附近，作战时间预定为三周左右，从温州附近返回日期另行下达

[1]　《機密せ号作戦急襲部隊戦闘詳報》，日本亚洲历史资料中心网站，查询代码 C08030312700。

命令[1]。该部七日开始行动，九日陷青田。

小薗江旅团“在丽水出发时，将一个步兵大队和一个山炮中队骨干留在丽水附近，由第七十师团指挥”。第七十师团团长分别以三个步兵大队和一个步兵大队固守丽水、永康附近，以保证小薗江支队的安全，并接替其破坏丽水机场的任务。这意味着南侵温州的日军有三千余人。十日至十一日，日寇之海军陆战队在瑞安县城附近东山村连续两次强行登陆，被我暂编三十三师第一团击退。十日夜，日军先头部队开始在永嘉桥头镇林福以东六公里处地区南渡瓯江，十一日侵占温州城。八月十五日，小薗江旅团在第十三军主力撤退之前，从温州附近向丽水撤退，温州光复。

日本海军从八月一日开始行动，对清江渡、霓屿山、沙埕港、披山岛、白带门等地进行急袭，六月六日起对福宁湾、北礵岛、福瑶岛等所谓潜艇基地展开调查，而日本陆军对温州陆上入侵则迟至四十天后才开始。经过反复的搜索调查，日军最终确认:“在本部队警备区域内并不存在敌人的潜艇基地设备以及担心其转化为潜艇基地的设施。”

（二）切断中国坚持抗战的最后生命线

日军此次侵占温州还有另外一个更重要的目的，那就是切断经由温州的支撑中国抗战的最后生命线。日本在本次侵占温州后对外公开宣称:“在与炎暑风浪搏斗的沿岸封锁中，虽然看不出所罗门海战那般的华彩，但是封锁温州将切断奄奄一息的重庆政权的最后一滴血。”日本昭和十七年（1942）十月号《历史写真》画报刊登照片题为:“有敌人，别大意！（攻入磐石卫城的海军陆战队）”，其左文字说明在介绍日军于七月十七日侵占乐清磐石卫城，其陆军与海军陆战队在此会师时，特别强调“对敌军（指中国军队）第三战

[1] 中华民国史资料丛稿译稿《昭和十七、十八年（1942、1943）的中国派遣军》日本政府防卫厅防卫研究所战史室著，贾玉芹译，上册，第146至150页。

区援蒋小道实现了完全封锁”。日军还将经由温州的秘密运输线视为中国支撑抗战的最后“毛细管道”，必欲切断之而后安。这与太平洋战争爆发之初，中国抗战的严峻形势密切相关。

一九四二年五月日军占领缅甸，切断滇缅公路，此前越南、中国香港相继落入日寇之手，加之苏联与日本签订《苏日中立条约》停止援华，而飞越喜马拉雅山的驼峰航线又尚未开辟，中国接受国际援助的通道几乎全部被切断，经由温州等地的海上补给线虽然运量有限，却是此时维系中国抗战的最后生命线。

二〇一九年我发现了日本第二次侵占温州期间拍摄的纪录片《温州入城》，这是目前已经发现的温州抗战时期的第一段动态影像，也是近代温州的第二段动态影像，非常珍贵。它反映的是一九四二年日本海军陆战队从瓯江口外洞头列岛海域出发，乘坐小型船艇进入瓯江，到达温州城区与占领温州的日本陆军会合的场景。中国“只能依赖来自海上帆船运输来的那点不值一提的物资补给。一九四二年七月上旬，海军陆战队的精锐毅然乘舟艇前往（海上）物资的卸货地——温州进行登陆作战”。

一九四二年，日伪主办的《大东亚周刊》发表《浙江日军占领温州》所加的按语，使我们看到敌方对温州地理环境特点及在军事上的战略意义颇有研究：“温州为浙江东南都市，俗称永嘉，与海外交通开始极早，是为沿岸航路中心，出入船舶云集。事变（指一九三七年七月七日卢沟桥事变）后，与宁波、海门、福州等皆为渝方（指西迁四川的国民政府）之密输路据点。前年（指一九四〇年）六月，其附近水域曾遭日海军封锁。复于客岁（指一九四一年）四月二十五日，被日军攻略，粉碎其军事设施后，乃行撤退。俟后渝暂编三十师，又进入蠢动，复被日军占领，不独渝密输路据点为之破灭，实为第三战区之致命打击。盖渝第三战区之最后基地长沙，前日军虽攻三次，而未即占领者，良以浙赣路尚在渝军掌握，得以互相联络，更可借温州等沿岸港口为其输血路之据点，因而残留于浙赣二省之渝军犹有活动余地，隐然为长沙之右翼，屡图蠢动牵制日军行动。”上述史料都从不同层面反映了温州在整个中国抗战乃至世界反法西斯战争中的地位。

第三次：日军欲阻止美军登陆温州并策应豫湘桂战役

（一）最终未能付诸实施的美军登陆计划

一九四四年夏天，英美联军成功实施诺曼底登陆，重返欧洲大陆，并推进至法国腹地。同时，美军又在太平洋战场上攻占了塞班岛，其节节胜利、压倒性的制海、制空优势日益巩固。苏军将德军逐出国境，并攻入波兰。中国远征军于本年五月渡过怒江开展滇西反攻，中国驻印军则已于八月攻占缅甸密支那，第二次世界大战的前景愈加明朗。

美军太平洋舰队司令尼米兹在行将攻占马绍尔群岛之前，于一九四四年二月九日公开表达其有意在中国沿海登陆，并以此作为攻击日本前进基地的想法。根据当天中央社的报道，尼米兹说："美军志在横渡太平洋，在中国获得基地，以最后攻击日本，并与企图阻止美军前进之日舰作战……余信惟有中国之基地，方能击败日本。余之任务在以陆空军送至中国，庶可以顺利打击日本，此项战略甚为简单。余不信仅海上之战争可击败日本。吾人设法在中国任何可能之地点登陆，毋庸保守秘密。日本舰队如欲出而干涉，实属无任欢迎"。[1]一九四四年七月，美军观察组曾赴延安，其间曾就中共领导的武装力量配合美军在中国沿海登陆等问题与毛泽东商谈[2]。国内外媒体亦纷纷为此造势，一九四四年六月十日美国的《星期六晚报》刊登了斯诺《六千万被遗忘的同盟者》称："2月间尼米兹宣布美海军拟在中国海岸建立基地，以便从那里攻击台湾和日本。香港或广州或许将首先被美军攻取，但是轰炸机由这些城市起飞到日本仍是遥远的距离，只有在更北面的中国地方，才最接近日本，因

[1] 中国第二历史档案馆编《中华民国史史料长编》民国三十三年卷第一册，南京大学出版社，1993年1月，第291页。

[2] 顾兴斌、邓建中：《美国治下国际法与中美关系》，江西人民出版社，2014年12月，第196页。

此，在那里的中国游击队对我们有很大的潜在重要性。”[1]

而根据美国国家档案馆所藏参谋长联席会议的相关档案，一九四四年四月，由美军人员主导的盟军参谋长联席会议“联合参谋规划部”制订了长达一百四十余页的登陆作战计划，内容包括作战目的、登陆地点、进军时间、兵力布置、交通线路、后勤保障、敌军实力、兵演地图等。该作战计划书强调，从地理条件上看，中国东南和东部沿海提供了向日本发动进攻的最佳区域，为夺取中国沿海港口并建立反攻基地，联合参谋规划部拟订了三套详细的作战计划，在这三套登陆中国的作战计划，台湾、汕头、厦门、福州、温州、宁波、上海均在其中[2]。但由于考虑到登陆中国的伤亡代价太大，后勤供应线过于漫长，且美军刚刚在六月初实施诺曼底登陆，无力立即再开展一场大规模的登陆作战，同时美军已经夺取了塞班岛、关岛和提尼安岛，拥有了可供战略轰炸机直接袭击日本本土的海上基地，中国大陆作为盟军反攻日本的战略地位急剧下降。

尽管在同年十月，参联会已经决定暂缓在中国沿海实施登陆，但直至抗战末期，国、共、日三方都坚定地相信美军会登陆中国沿海。从各种史料来看，无论是中国共产党，还是国民政府，当时都在为迎接美军登陆做积极准备。中共方面最高领导人毛泽东一九四四年八月至十月，曾三次致电新四军要求其配合美军在东南沿海登陆，美军人员为此与新四军、华南东江纵队都有过接触[3]。一九四四年十月九日华中局致电浙东、苏南、新四军第一师：“敌寇占温州并积极加强沿海一带活动，其目的在预防盟军登陆，我军

[1] 胡越英《“中国沿海登陆计划”与美军观察组》，转引自《百年潮》2008 年第一期。

[2] 贾钦涵、皇甫秋实：《战时美军“中国登陆计划”探析》，中共中央党史研究室，中国社会科学院，中国人民解放军军事科学院编《纪念中国人民抗日战争暨世界反法西斯战争胜利 70 周年国际学术研讨会论文集》，2015 年，第 761 至 765 页。

[3] 袁成毅：《抗战前后中共对浙江地缘价值的认知及相关政略》，《民国档案》2014 年第四期，第 58 至 64 页。

为准备反攻及造成配合盟军条件，江浙工作已成为华中今后主要发展方向。”[1] 一九四五年二月二十四日中共中央向华中局发出《向皖南、浙东、苏南发展的战略方针的指示》，指出美军登陆是必然的[2]。三月二十一日，中共中央华中局发出《关于浙南工作的指示》："浙南为我党将来打通闽浙联络与配合盟军作战有重大战略意义的地区。浙南随我军在闽浙的发展和盟军在浙登陆日期的迫近而日益表现其特殊重要性。”[3] 进入当年夏天，第二次世界大战将近结束，一九四五年六月二十日中共浙南特委仍认为："同盟军在沿海登陆的日期日益接近。根据最近太平洋的战局看来，冲绳岛的战事一经结束，同盟军就可能很快的在中国沿海登陆，而且首先必然是在宁（波）温（州）一带登陆。”[4] 直到一九四五年八月七日，中共浙南特委还在文件中强调：盟军快要在浙南沿海登陆了[5]。

国民政府方面也将温州视为盟军登陆的可能地点之一，为防范中共方面在浙南、闽浙赣、闽赣粤边区等地力量不断发展，并与可能登陆的盟军发生联系，一九四四年十二月第三战区司令长官顾祝同制定了该战区《协同盟军登陆前后防制奸伪活动办法》呈报蒋介石。其中将温州及金山卫、镇海、象山、海门、福州、泉州、厦门、漳州列为盟军在本战区可能登陆之地点，拟在以上各处建立军政一

[1] 《华中局致浙东、苏南、第一师》，中共浙江省委党史研究室、中共湖州市委等编《浙西抗日根据地》，浙江人民出版社，1992 年 11 月，第 38 页。

[2] 《中国人民解放军通鉴》编辑委员会编《中国人民解放军通鉴 1927—1996》（中册），甘肃人民出版社，1997 年 7 月，第 1062 页。

[3] 《浙南——新四军的策源地之一》，中共温州市委党史研究室、温州市新四军历史研究会编，中共党史出版社，2012 年 12 月，第 228 页。

[4] 《中共浙南特委给各县委的指示信》，《浙江革命历史档案选编》（抗日战争时期 上），浙江省档案馆编，浙江人民出版，1987 年 2 月，第 404 页。

[5] 《中共浙南特委对瓯北目前形势的估计和工作方针的指示（1945 年 8 月 7 日）》，中共乐清市委党史研究室编《乐清革命历史文献选编》，中共党史出版社，1995 年 5 月，第 84 页。

元化之据点预与盟军联系[1]。此时驻防于温州郊区的暂编三十三师制定了《建立军政一元化据点及策应盟军登陆准备事项实施腹案》，该腹案之方针为：由暂编三十三师“统一指挥浙江第八行政区及其所属各县，齐一党政军步调，集中力量于卅四年元月底完成策应盟军登陆各项准备，以期配合作战，歼灭敌人”[2]。一九四五年五月二十二日，国民政府制订《东南战场作战计划》，明确其方针为“彻底建立以军事为主之党政军一元化据点，准备接应盟军之登陆”[3]。温州地方当局则于一九四四年底在认真分析比较了本区沿海可能登陆港湾如平阳镇下关、鳌江、瑞安飞云江口、乐清沿海、玉环坎门、瓯江口等处的地形水文情况之后，认为瓯江口之乐清崎头、磐石为本区内最适合盟军登陆之处。其原因为：

瓯江之崎头、磐石等处，水位较深，外有黄大岙、大小门山、乌生屿、大麦屿、小迭、鹿栖等处，均可停泊舰队，虽海上飓风也可稳避。占坎门以巡东海，占鹿栖山以扼门户，踞北龙、齿头以扼南面，则环成一大军港，进战退守运动自如，更宜远射程炮于黄大岙山上，制压磐石、崎头、盐盘等处，而以小部着陆于瑞安踞梅头，以扫清永强、宁村、所城等处之敌，进而占领龙湾、茅竹岭等处，则可俯瞰瓯江，以火制截断敌寇之江中交通，乐清登陆，永嘉寇不得接济，盟军攻其前，我军蹑其后，则永乐线寇不难悉歼，由此以永嘉为根据，西出丽水、缙云，以窥金华，北向宁海、天台，以窥

[1] 《第三战区协同盟军登陆前后防制奸伪活动办法》，中国第二历史档案馆编《中华民国史档案资料汇编》第五辑第二编，政治，三，江苏古籍出版社，1994 年 5 月，第 279 页。

[2] 温州档案馆，档案号 198-5-33。

[3] 《东南战场作战计划》，《中华民国史档案资料汇编》第五辑第二编，政治，三，第 281 页。

象山、宁波，浙东局势，当大变矣。[1]

此外，中美合作所于一九四四年夏天在温州附近创办的第八训练班，根据合作所美方负责人梅乐斯的回忆，梅乐斯始终在以迎接美军登陆作为最重要任务，故而第八训练班和忠义救国军温台指挥部积极准备接应美军在温州、台州沿海登陆。并且欧内斯特·约瑟夫·金在一九四四年六月曾令其为美军在中国东南沿海登陆做准备，并指定当年十二月"特殊时期"，美参谋长联席会议还令其搜集从上海到厦门沿海地区的情报，直到同年圣诞节梅乐斯才得到通知，美军登陆中国沿海计划取消[2]。

（二）日军先发制人 派出万人侵占温州以阻止美军登陆

而日军方面对美军眼前的目标到底是拿下比岛（日本对菲律宾的称呼），还是随时登上中国大陆，或是攻击台湾、冲绳、小笠原各岛，痛感对此一无所知。日军随即按第一步小笠原，第二步冲绳，第三步台湾、吕宋、浙闽海岸，第四步本土的顺序，加紧建立了紧急战备[3]。而从后来的各种表现看，日军对美军在浙闽沿海的登陆似乎坚信不疑，而直至一九四五年二月以前，日军第十三军仍在为该年初夏对美作战做准备，如美军在温州、福州及海州附近沿岸登陆时，则要极力妨碍敌人建立航空基地等企图[4]。

显而易见，"倘盟军在中国登陆成功，则一方面可直接威胁日

[1] 《浙江省第八区沿海可能登陆港湾之地形水位情形》，温州档案馆，档案号198-005-033，本报告撰稿时间仅注明一九四四年底，且未注明撰稿单位，根据档案编排推断应为浙江省第八区行政督察专员兼保安司令公署或其下属部门所撰稿。

[2] 孙丹年：《中美合作所与太平洋战争》，陕西人民出版社，2012年5月，第189至193页。

[3] 饭田米秋、高桥定一编《战场之记录——墓标》，1971年3月，第545页。

[4] 中华民国史资料丛稿译稿《昭和二十年（1945）的中国派遣军》第一卷第二分册，第25页。

本本土，一方面又能截断敌在南洋及大陆交通线，使敌痛苦非常。敌人感到此一问题之严重性，故趁盟军尚未转移兵力以前，即先行占领我东南沿海要地”[1]。出于对此巨大的担忧，日军早在一九四三年夏以来就已在策划温州及福州方面作战，但因一九四四年春天开始的“一号作战”（中方称豫湘桂战役）而告中断。日本大本营在六月下旬命令中国派遣军对来自中国东海方面的联合军（盟军）的反攻提出研究报告。

七月九日，美军攻占塞班岛，日本大本营认为对盟军切断日本本土与南方圈（指南太平洋）联络的企图，迫切需要采取紧急对策。七月十八日经日本天皇批准，大本营发出浙东作战命令（“大陆命”第1072号）及指示（“大陆指”第2073号），决定八月上中旬实施浙东作战，出于隐蔽企图称之为“节号作战”，确定“作战目的是确保浙东沿海要地，封锁敌美军在该方面登陆企图于未然……占领地点以温州及福州附近沿海要域为目标，对厦门附近增加一部兵力”，“死守防止敌军（美军）在本地区登陆的防线，同时谋求海上交通的安全，并使其成为船舶中转基地”。

后因需要急速加强西南群岛、台湾、菲律宾方面的战备，因而将浙东作战的实行时机稍微推迟至八月下旬才正式发起大规模进攻[2]。日军此次侵占温州之后，将司令部置于瓯江口附近的乐清磐石镇重石村，并将布防重点置于瓯江口一带，就反映了其此处“阻敌上岸”的明确企图，这与温州地方军政当局的判断是一致的。而日军在本次入侵温州后也于一九四四年十月初在七里村登陆增援温州，此前第二次入侵温州时，日军于黄华、崎头登陆后西进，与温州城东下之日军在磐石会合，这两次登陆均在瓯江口一带。

尼米兹并未公开明示登陆中国的具体地点，为何日军预判美军

[1] 《丽温战役经过概要》，《突击队》月刊第一卷第八期，第31页。

[2] 日本防卫厅战史室编纂，天津市政协编译委员会译校《日本军国主义侵华资料长编》，四川人民出版社，1987年5月，下册第273至274页。

有可能登陆的三个地点为温州、福州及厦门，目前尚未查到相关史料。不过按照尼米兹等人计划的路线，美军如撇开吕宋岛，直接从南太平洋经棉兰老岛向中国台湾与中国大陆沿海挺进，那么紧临台湾的浙闽沿海将首当其冲。而温州刚好于浙闽沿海（上海至厦门海岸）——中国东南沿海面朝日本本土西南部、琉球群岛及日占台湾一线的中部，距离长崎、冲绳那霸及台北的直线距离分别在一千、七百二十及三百四十公里左右。并且，除一九四一年和一九四二年两次被日军短暂入侵外，温州一直为国民政府控制区，因此，不但日军，国、共方面均认为美军极可能在温州沿海登陆，并以此作为攻击日本本土的前进基地。另一方面，在当年漫长的中国海岸线上，温州、福州是仅存的两个仍控制在中国手中的重要港口城市，一旦此两地被日军拿下，则中国沿海主要港口则尽入其手，这对中国抗战无疑将是一个巨大的打击，故而侵占温、福也成为日军穷途末路之下做垂死挣扎的必然选择。

当时处于日军控制下的《申报》指出："敌人（指美军）恐惧日本利用南方资源增进战斗力，故为加以阻止计，除出动空军外，复于日本近海及中国东海南海密布潜艇，企图切断日军接济路线，以减弱日方战斗力。尤其是温州、福州更受敌美重视，积极防备。盖该两地为敌潜艇最好之接济基地，又美军在大陆登陆进击时，且可重用为立足点。此外敌人并在接近东海南海之丽水、赣州、玉山、建瓯、龙岩等飞行基地，加强空军势力，谋击溃日船队。又潜入日驻华舰队封锁线，在东海无人荒岛上设置监视哨、瞭望台等，企图与在渝美空军基地及敌潜艇取得联络。"日军在温州等多地登陆，不仅要收紧中国东南沿海封锁网，并取得立足点，使美潜艇、飞机无活动余地，更要让尼米兹与麦克阿瑟自知大陆登陆作战之不易[1]。

日军此次入侵温州的部队最初称为甲支队，其初期兵力不过

[1]　《日军完成大陆纵横作战》，《申报》1943年10月10日第一版。

五千人，而美军一旦实施登陆，出动兵力肯定动辄数以万计乃至十万计，日军高层也明白：要以这么少的兵力阻止美军登陆是完全不可能的。这样的兵力配备背后似乎又说明日军对美军将于何时何地登陆并无明确预判，这五千人只能算是派往美军可能登陆地点的先遣部队。一旦美军登陆动向明确，还要派大部队前往才行。根据相关史料，中美合作所曾于一九四四年拟订了美军二十万人在中国东南沿海登陆的计划[1]。甲支队占领温州后，亦不断补充兵力[2]。一九四五年二月，由甲支队改编的独立混成第八十九旅团除四个独立步兵大队外，还有高射炮、野战炮、重炮、辎重兵、通信兵、工兵部队及野战医院等，是一个完整的小型师团建制，总编制约万人，到抗战末期时实有兵力五千九百五十一人，加上原属该旅团此时已属第十三军直辖的独立步兵第五二五大队的兵力（编制约一千三百人），再考虑到该旅团其他三个大队总计缺编约一千两百人，可知该旅团在温州时兵力最多时有万人并非虚言[3]。

（三）入侵丽温策应“大陆交通线战役”

其次，日军在制海、制空权基本丧失，海上交通难以为继的情况下，寄希望于打通中国大陆南北交通线，将侵华日军的各部分贯通起来，并联系被切断海上交通的南洋日军，以保护本土和东海海上交通安全。为此，一九四四年四月起，集中兵力四十余万发动“一号作战”——大陆交通线战役（豫湘桂战役）。八月八日，衡阳守军在苦战四十七天后放下武器，至此日军已在豫中、长衡等战场相继取胜，并于同月下旬开始沿湘桂线向广西进犯。此前，日军之中国派遣军在制订“一号作战”计划时，曾拟一九四三年末将侵占

[1] 孙丹年：《中美合作所与太平洋战争》，第 193 页。

[2] 饭田米秋、高桥定一编《战场之记录——墓标》，第 575 至 577 页。

[3] 日本亚洲历史资料中心网站：《独立混成第八十九旅团兵力现况表》，1945 年，查询编码：C13071114300。

苏、浙、沪的第十三军与侵占湘、鄂、赣的第十一军一并也转用于湖南方面作战，但鉴于上海地区的重要性而作罢。后中国派遣军命第十三军“在金华正面采取攻势策应第十一军初期的作战”，“六月上旬从金华正面对衢州附近发动攻势，牵制敌第三战区军，以利于第十一军在长沙附近的作战”，故第十三军在本年五月底六月初就奉命进攻龙游、衢州，配合“一号作战”[1]。而紧接着日军进击丽水、温州的作战“旨在策应湘桂会战。此次战役发动之初，适当湘桂战事进行最激烈之时，为牵制我方兵力西移增援，敌遂发动此次攻势，此为其进犯之第二个意义”。[2]

结语

温州地处中国东南沿海，自古商贸繁荣、地位重要，且具有相当的政治军事价值。特别是在抗战时期，更是地处国防前线，战略价值更加重要。缘于二战战局发展，中、美、日等相关各方战略战术演变，温州在特殊历史条件下的战略地位凸显，才有日军的三次入侵与温州军民的奋勇抗击。

对于温州的军事战略价值，当时的人们有深刻的认识。一九三八年《孤岛周刊》发表《国防前线的温州》文章指出：“温州，这是一个幽静的古城，在浙省瓯江的南岸，东临大海，西有重山，气候温和，山水优美，物产丰富，古色古香，真不愧为东方的瑞士。自全面抗战发动后，它站在国防最前线，地处水陆要冲，肩负了非常重大的使命。”一九四一年《华商报》发表文章称：正因为温州紧靠海口，作为内地与上海交通孔道，通航要道特有的繁荣，将其造成了比战前更热闹的小都市，并在当时全国的经济生活中具有极

[1] 《中华民国史资料丛稿译稿一号作战之二湖南会战》下册，日本防卫厅防卫研究所战史室著，天津市政协编译委员会译，中华书局，1985 年，第 57 至 58 页。

[2] 《丽温战役经过概要》，《突击队》月刊第一卷第八期，第 31 页。

其重要的作用[1]。一九四五年六月二十日，英国伦敦《约克郡邮报》军事评论家对我军克复温州称："温州乃华东沿海之军事战略要点，故华军现居于威胁香港及上海之优势地位。华军向上海及长江口推进，对盟国之全盘计划有其重要性。"[2]

如果不是日军在抗战之初战略重心尚不在浙闽沿海，如果不是中日双方出于各自的需要，对这一带的封锁尚不严密，甚至默许纵容各类形式的转运甚至走私行为，温州不可能成为全国性的转运枢纽，也就不大可能发生日军动用其最精锐的第五师团发动对温州等地的切断作战与战略物资抢夺行动。同样，如果不是美军出于建立攻击日本本土前进基地的需要，开始研讨并公开宣布在华登陆的计划，日军以二战末期捉襟见肘的兵力，则不会发动对温州及福州、厦门等美军极大可能登陆城市的侵占。并且，如果不是因为二战战局的迅速演变，美军登陆计划未能最终付诸实施，则温州等地将极有可能成为"东方的诺曼底"，一场大战恶战将在这些地方发生。

中国历史学研究近年来有两个明显的趋势：一是社会史作为取代传统政治史的新范型（new paradigm），一是地方史或区域史（regional history）的兴起[3]。无论是区域史的微观研究，还是总体（整体）史观关照下的区域史研究，欲达成切合历史实际的本质性的、规律性的认识，都必须做全视野、长时段的考察，以获得令人信服的论说[4]。

研究区域史、地方史应当将微观体察、中观贯通与宏观把握相结合，要力戒因研究对象的细小，而陷入划地为牢的碎片化、孤立化与自我中心及地方沙文主义。特别像第二次世界大战时期的区域

[1] 唐海：《永嘉的失陷与收复》，《华商报》1941年5月30日，第二版。

[2] 陈钧贤：《温州在抗日战争期间为何三次沦陷？》，《温州日报》2015年9月2日。

[3] 江柏炜：《地方史与全球史的连结：金门研究的价值》，网络资料。

[4] 高福顺：《碎片化与全视野：中国区域史研究的价值取向》，2014年第三期，第80页。

史研究，特别要处理好“小地方”与“大中国”“大世界”的关系，应当将其置于远东战场、中国战场的大视野下来考察，在“以大世界与大中国的视野来做小地方的历史，并在小地方中发现大中国与大世界”。

唯有如此，才能客观全面地还原温州抗战历史，正确评价温州在全民族抗战中与世界反法西斯战争的地位与作用，同时通过厘清温州抗战的国际国内背景，把握抗战中温州与中国、与世界的互动关系，有助于推动对二战战局发展，中、美、日等相关各方战略战术演变、战后国际政治、军事格局等研究的深入，从而将国际军事史、政治史，与地方抗战史、革命史有效贯通、有机融合，让研究更加有格局、有视野，有体系、有脉络，有深度、有细节。

五四时期温州进步期刊三种

◎叶建

《救国讲演周刊》

第一次世界大战结束后，日本在一九一九年巴黎和会上要求将德国在青岛及胶州湾的所有权益悉数转让给日本，当时北京政府软弱无能，在外交上节节失利，消息传到国内，随后在北京爆发了五四运动。六月，温州社会青年与浙江第十中学在校学生创办了救国讲演社。救国讲演社作为在北京五四运动影响下出现的温州本地社团组织，其宗旨是要与全国一道积极推动温州参与“抵制日货”“还我青岛”运动中去。为此，剑公在《救国讲演周刊》发刊号的《宣言》详细地阐述了创社的缘由：“天祸中华，佞臣肆奸，睡狮未醒，国是日非。胡铨之书未上，樊城之警遂来，事急矣。人方为刀俎，我为鱼肉，吾人共戴之祖国已数遭剥削，尫羸若病夫。今日丧一境，明日割一地，台湾、朝鲜、琉球孰非我之疆场，咸拱手而奉诸日。切肤之痛，岂遽忘怀。今彼复攫我青岛而刺及胸，胁制我死命，犹虫之穴木根株见蚀，枯瘁立睹 ，吾国民肯奄奄待毙乎？天下兴亡，匹夫有责，中流击楫，新亭堕泪，岂竟无人？京师各校发难于前，各省响应，抵制日货之声喧扬于社会，有志之士，痛哭流涕，呼号奔走，人心未死，我舌犹存。揽辔澄清，慨当以慷，民气奋厉，莫斯为甚。然国民程度，贤愚悬绝，乡僻小民，鄙僿如故，倘非运广长舌，现说法身，振发聋聩，俾遐迩同心，始终一辙，将何以谋持久而图普及？救国讲演社之设，盖此志也。”[1]

在创办救国讲演社时，陈仲陶是发起者，对《救国讲演周刊》

[1] 剑公（陈仲陶）：《宣言》，《救国讲演周刊》第一期，1919 年 6 月。

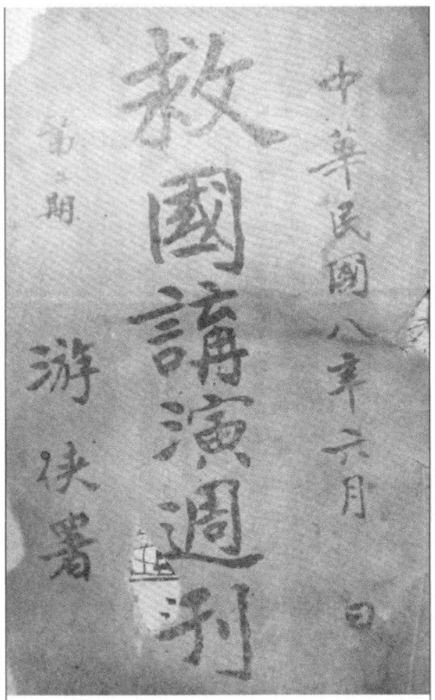

也是“出力最大”[1]。陈仲陶(1894—1953),永嘉(今温州鹿城区)人,别号剑庐,一九〇八年温州府中学堂毕业后,入杭州浙江高等学堂就读,师从吴江陈去病、海宁张宗祥。在创办救国讲演社时,陈仲陶正担任瓯海关监督冒广生的秘书,协助文案工作,其间在温州《民国日报》主持笔政,“常撰拒毒、女权等社论文章,切中窾要,时韪其言”[2]。根据后人回忆,温州救国讲演社中的社会青年除陈仲陶外,还有刚从北京回温的郑振铎。郑振铎(1898—1958),笔名西谛、郭源新,为我国近现代史上著名的作家、文学评论家、文学史家、翻译家、艺术史家,一生中参与众多期刊的创办。郑振铎祖籍福建省长乐县,出生并成长于温州城区,一直在温州读完普通中学。一九一九年,他正在北京俄文专修馆学习,因学校提前放假被迫回温州,参与创办的《救国讲演周刊》是他一生创办报刊生涯的开始。

由于陈仲陶等人认为讲演内容通过报刊传播效果要好于现场讲演本身,“思语言收效偏隅,是囿企望久远,则非文字不为功。不观乎噶苏士创《墨迹报》以排斥奥人之无理,举国风靡,磅礴天壤,匈加利之自由卒藉以巩固;加富士创《少年意大利报》,惊神泣鬼,慷慨淋漓,读者声泪俱下,意大利之独立,亦赖其鼓吹报纸之效,固十万毛瑟比也”。为扩大救国讲演社的影响力,陈仲陶等人成立救国讲演周刊社,创办《救国讲演周刊》,“同人等用敢号召同志本诸爱国之热诚,发为忧时之论调,以三寸毛颖蘸泪和墨,书千数百本,陈诸父老昆弟之前,海潮一鸣,声满天地,庶以抵制之举克睹实效,凡我邦人,有高才卓识者,幸出而相助,拂剑四睇,阴霾黯惨,伐鼓撞钟,壮怀激烈,安见东亚风云,不为吾侪变色,越之复伯在

[1] 王希逸:《“五四”运动中温州的〈救国讲演周刊〉》,《鹿城文史资料》第一辑,中国人民政治协商会议浙江省温州市鹿城区委员会文史组编,1986年,第50页。

[2] 吴景文:《陈师仲陶先生事略》,《陈仲陶遗编》附录,开元文化企划,2012年,第135页。

此一举”。[1] 救国讲演周刊社亦秉承了救国讲演社的创办旨趣：“本社以国势濒危，青岛见夺，刊发周刊，藉资讲演，故定名为救国讲演周报社……本社为唤起一般国民之爱国心，使抵制日货，一举得持久而有效，藉以争还青岛挽回权利为宗旨。”[2]

救国讲演周刊社设在温州城区华盖山资福寺内，根据《救国讲演周刊社临时简章》规定，设有正副社长各一人，下设事务部、编辑部、营业部、讲演部等四部，这其中，事务部设有干事、文牍、书记、交际、会计、庶务等职务，“干事一人，常驻本社，赞助社长办理本社事务；文牍二人，掌理社中记录、函件及编造报告书等项；书记四人，掌理社中一切缮写事项；交际八人，掌理关于联络会员及对于外界交际事项；会计一人，掌理本社经费出纳事项；庶务二人，掌理社中杂务及保管一切器具”。[3] 编辑部有主任、编辑、校对等职务，“主任一人掌理编辑社报事务；编辑员四人，辅助主任分担各门编辑事务；校对四人，专司报章校对事务”[4]。营业部设主任一人，“掌理本报销售及收取报费等务”，讲演部则设主任一人，成员没有定额。其社员主要是从事教育事业人员和学校教职员、学生，“凡学校职教员、学生及其担任教育事业者，怀抱爱国热忱，与本社宗旨相合者，皆可入社”。[5] 但在实际运营中，救国讲演周刊社没有专职人员，编辑和写稿者都是兼职。据当事人王希逸回忆，救国讲演周刊社社员另有职业或是在校学生，“我和同学李荫芳、李景贤、莫邪、痴生、声素等多人参加，仲陶担任编辑。我在省立十中（温州中学前身）的同班同学郑振铎，这时刚从北京俄文专修学校读书回温州度暑假，也随即参加了周刊的编辑工作（振铎祖籍福建长乐，

[1] 剑公（陈仲陶）：《宣言》，《救国讲演周刊》第一期，1919 年 6 月。

[2] 《救国讲演周刊社临时简章》，《救国讲演周刊》第二期，1919 年 6 月。

[3] 《救国讲演周刊社临时简章》，《救国讲演周刊》第二期，1919 年 6 月。

[4] 《救国讲演周刊社临时简章》，《救国讲演周刊》第二期，1919 年 6 月。

[5] 《救国讲演周刊社临时简章》，《救国讲演周刊》第二期，1919 年 6 月。

生长于温州)。我们的省立十中其他同班的及上下班的同学高觉敷、周季材等都是这个周刊的同志。”[1]

《救国讲演周刊》由救国讲演周刊社编辑部负责编辑，先是由文新石印局印刷，至第四期时转由务本石印局印刷，每册售价亦由四铜元涨至五铜元。不仅如此，刊物寄售处也有变化。起初为温州国货经售处，自第二期起由于订购者的增多于是将维新书局列为新的代售处，“本报创办伊始，罅漏骤多，乃出版以来，谬承邦人不弃，购者纷至，不敷供应，良用歉然。本期特增至八百份，分售处在国货经售处及维新书局，爱国诸君，请就近往购可也。”[2]救国讲演周刊社的经费，根据“救国讲演周刊社临时简章”指出，由两部分组成：一是“本社经费由各学校及社员捐助”，当时温州城区的不少中小学校向该周刊社捐助了经费，其第二期“营业部启事”指出，“本报经费支绌，承各高小国民学校慨然捐助，实深感佩，兹特奉赠本报二期，以酬雅意”[3]。二是“本社所收之报费得充作本社费用”[4]。这种报费是除杂志的订阅费外包括在刊物上的广告费用，“振兴国货为当今要举，本报对此提倡尤力，凡经售国货之商店欲刊登广告以广招徕，本报当格外减价以答”[5]。《救国讲演周刊》每期都有大量的国货广告，涉及药品、罐头食品、毛巾、袜子等生活日用品，书籍、香烟、啤酒等众多商品，其中个别广告有整页内容的介绍，根据后人的回忆，广告费几乎支撑了刊物的运行，“印刷费用不靠销售，而靠广告费收入”[6]。

[1] 王希逸:《“五四”运动中温州的〈救国演讲周刊〉》，第 50 页。

[2] 《营业部启事二》，《救国讲演周刊》第二期，1919 年 6 月。

[3] 《营业部启事三》，《救国讲演周刊》第二期，1919 年 6 月。

[4] 《救国讲演周刊社临时简章》，《救国讲演周刊》第二期，1919 年 6 月。

[5] 《营业部启事》，《救国讲演周刊》第一期，1919 年 6 月。

[6] 王希逸:《“五四”运动中温州的〈救国演讲周刊〉》，《鹿城文史资料》第一辑，第 50 页。

《救国讲演周刊》设有言论、评论（时评）、记载、演稿、调查、艺文、杂俎、别录、来件等栏目。文章不少是救国讲演周刊社员撰写，其简章规定，“凡本社社员须热心任事，尽其对于国家之天职，并须随时投稿本社报，以谋报务之发达”[1]。同时该刊亦欢迎投稿，并为此刊发《征文启事》，“强邻偪处，疆土日蹙，外交失败，丧亡旦夕，民智未启，酣嬉如故。故同人等有鉴于此，刊发兹报，藉谋普及，惟是学植肤陋，才不逮志，绝膑之讥，知所难免。吾瓯江山雄杰，人文蔚然，凡耆儒英俊，名媛闺秀，其有杜陵忧时之什，贾生痛哭之书，幸惠然见遗，以光篇幅，同人当削简以待，嘤求之诚，祈鉴察之。”[2]就该刊的具体内容而言，评论栏目多是刊载温州社会新闻进行评述的时评类文章，如陈仲陶对当时福建军阀迫害学生运动提出强烈抗议，认为“闽之李厚基，竟以残虐学生，闻其所逮捕，达三四百人之多，压迫民气，不遗余力，倒行逆施，闻者咋舌！以人民之公仆，坐视国步艰难，一筹莫展，其尸位之罪，已不容诛。今反于国民爱国之举，从而干涉之，摧残之，令其一蹶而不复振，吾不知其居心果何若也。”[3]而演稿栏目刊载的文章则是救国讲演社成员在露天讲演的文稿，文章以说话口气写成，通俗易懂，如痴生《敬告我同胞应有的觉悟心》（一期）、《还我目的》（二期）、《无聊》（三期），李景贤《说人民宜爱国》（三期），李荫芳《我国的现状》（三期），声素《我国对外之情形》（三期），这些讲演稿在救国讲演周刊社成员看来是非常重要的，认为“永嘉自发起抵制日货以来，露天宣讲，遍地而有，但乡僻之区，民风锢塞，更须竭力开导，俾知外交失败情形，以引起爱国观念”[4]。在第一期特为该栏目做广告说，“同胞，

[1] 《救国讲演周刊社临时简章》，《救国讲演周刊》第二期，1919 年 6 月。

[2] 《征文启事》，《救国讲演周刊》第三期，1919 年 6 月。

[3] 陈仲陶:《李厚基残虐学生》，《救国讲演周刊》第三期，1919 年 6 月。

[4] 《十人团赴乡讲演》，《救国讲演周刊》第二期，1919 年 6 月。

同胞，请看，请看，欲开通民智，非露天演说不可”[1]。

记载栏目主要刊载国内外大事、本埠新闻等，内容多与青岛问题有关。这其中，国外大事记多介绍中国及西方列强在青岛问题的外交斡旋活动，国内大事记是介绍国内京津及各省学生、社会各界人士的爱国请愿运动及抵制日货行为，而本埠新闻则是介绍温州本地新闻，它大致分为两大部分：一是如《乐清学生救国分会成立之先声》《十人团赴乡讲演》《救国演剧团之发起》《学生联合会会员之热心》《乐邑女子救国联合会之成立》《教员讲演团定期讲演》《女子讲演团实行讲演》《商界讲演团之成立》等介绍温州各地的爱国活动。二是介绍温州各界抵制日货，爱用国货的活动，如《组织国货经理处之消息》《私进口货被获》《国货经售处之大扩张》《烧毁白糖志闻》《烧毁海带志闻》等。这其中，郑振铎在《私进日货被获》一文中报道了永嘉学生联合会在来温商船上查获城内两家商铺购买日货事件：“前日，广济船到，学生会前往检查，于水手私货中搜获日本草帽、皮鞋扣等物，当即立与扣留。访系城内元大及正源两店之物，因前往质问，议定除将各货烧毁后并罚银若干，以为设立‘提倡国货’木牌之用云。”[2] 调查则主要对温州城区国货的种类、名目做调研，列出商品名单，这其中尤以陈纪芳、李幹甫两人创办的温州国货经售处商品名单为重点。《温州国货经售处各种国货一览表》序言指出，中外商品贸易对于国计民生来说非常重要，“海禁既开，交通利便，寰区之内，不啻一商战场焉，欧美列强，咸致其全力以经营商业，凡所制造，务为淫巧奇艳，以惊诧人目，而国人复深喜之。舶来之品遂充牣于阛阓，漏卮莫塞，民生日困，良可慨也”。而之所以列温州国货经售处的商品名单为重点，在于该处的国货商品全面且有信誉，“吾瓯学界巨子陈君纪芳、李君幹甫等特创国货经售处，以挽回権利。凡国人自制之品，搜集无遗，成立以来，信用日彰”，

[1] 《广告》，《救国讲演周刊》第一期，1919 年 6 月。

[2] 郑振铎：《私进日货被获》，《救国讲演周刊》第四期，1919 年 7 月。

故将其该处商品调查结果列表，以备“我邦人一垂览”[1]。

艺文、杂俎、别录等栏目刊载的文章多是文学作品，但不同栏目间的内容有所区别，如艺文栏目刊载的文章为文录、诗录和遗著，而杂俎栏目收录的则是传记、笔记。这些文学作品多是文字激昂、感事忧国之作。诗歌《壬子感事用李莼客韵》指出：“风声鹤唳惹惊哗，壁上悬弓影误蛇。举国秃翁如学佛，天涯游宦竞还家。幽燕兵甲销林酒，吴楚英雄付剑花。鸡鹭道旁争饮啄，空山古木自栖鸦。”[2]而且《救国讲演周刊》多有按语，如陈仲陶在《杨蓉初先生甲午十月致政府书》一文“按语”中指出，此文“于朝鲜之役，言之綦详，信乎国事关心，杞忧独抱，与贾生三策，杜牧罪言，足以媲美后先而无愧色。亟录之，以供留意国际交涉者一览焉”[3]。又如陈坦《听秋楼剩稿》，陈仲陶在“按语”中指出：“听秋楼稿一卷，先兄同叔作也。先兄弱冠为博士弟子员，目击国事日非，以为救世之策，首在学校，乃慨然弃举子业，从事西学，殚精探讨，多所心得，而算学尤擅其长。尝出资创设吉士小学，管教辛勤，十余年如一日，卒以是致疾，遂殒其生，夙志未酬。赍恨泉下，诚可悲矣。生平著述如千种，皆散佚无从搜葺。今惟此稿存耳，因录而刊之，寥寥遗墨，物在人亡，灯前批阅，不觉悲从中来也。”[4]

《救国讲演周刊》只出了六期，由于其刊物内容触怒了瓯海道尹黄庆澜而招致后者的查封停刊。王希逸回忆其中缘由说，“原来，六月间早稻还未登场，又因年荒，米价飞涨。这时丧心病狂的奸商却还勾结不法官吏偷运粮食出口。爱国学生与民众联合行动，查获东门一机帆船有粮食漏海。县知事（县长）不接受学生会查禁漏海的要求，群情愤激。学生纷纷上街宣传，商店罢市响应。县政府派

[1] 《温州国货经售处各种国货一览表》，《救国讲演周刊》第一期，1919年6月。

[2] 《壬子感事用李莼客韵》，《救国讲演周刊》第一期，1919年6月。

[3] 《杨蓉初先生甲午十月致政府书》，《救国讲演周刊》第二期，1919年6月。

[4] 《听秋楼剩稿》，《救国讲演周刊》第二期，1919年6月。

武装队伍强迫商店开市，同学生发生冲突，逮捕了学生，事态严重。当时瓯海道尹黄庆澜（涵之）舆情还好，但他未能及时有力地严办粮食漏海。《救国讲演周刊》对此登出一则消息，标题故意印作《漏海道尹黄庆澜》；下一期又登了一则《更正启事》，声明：‘上期消息所称漏海道尹乃瓯海道尹之误。’这便触怒了黄庆澜。黄派兵搜查报社，抄去刊物，封了社门。陈仲陶等闻讯先走，未受残害。”[1]

《新学报》

永嘉新学会于一九一九年七月二十五日在温州浙江第十中学的大礼堂成立，姜琦为干事长，周邦新为副干事长，马范任文牍，张强和陈绥章任书记，周邦楚任会计，陈时坤和张启贤任庶务，刘廷藩、董锡麟、陈慕亮、梅祖芬、陈宏恕、李镜湖任交际。同年八月，永嘉新学会常年大会召开，决定成立三个部门：一、图书部，潘云路为主任，陈慕琳、马毅为干事；二、出版部（后改名为编辑部），杨其苏为总编辑，姜琦、胡荣铨、周邦新、梅祖芬、马范、陈闳慧等六人为编辑；讲演部，董鹤龄为主任，陈闳慧、任宏中为干事。一九二〇年八月，永嘉新学会在浙江第十中学召开第二次常年大会，其间重新选举了职员。姜琦任干事长，周邦新任副干事长，马范任文牍，陈绥章、张强任书记，周邦楚任会计，张启贤、陈时坤任庶务，陈慕亮、杨畴、陈时琳、刘廷藩、吴江冷任交际，下设三部：图书部主任为潘云路，马毅、陈慕琳则为该部干事；编辑部主任为姜琦，吴江冷、梅祖芬、张强、郑振铎、高卓、许文锵、郑孔钧为会计，张启贤为经理；讲演部主任为董鹤龄，杨畴、秦煜为该部干事。永嘉新学会会员人数，在第一次成立时，为四十一人，到第一次常年大会时，根据一九一九年八月十日刊印《永嘉新学会会员录》，

[1] 王希逸：《“五四”运动中温州的〈救国讲演周刊〉》，《鹿城文史资料》第一辑，第51页。

已为六十四人，这些人士尽管部分原籍并非为温州市区，但大都在城区居住、工作，如孙如怡为青田人、杨畴为平阳人，许旦为福建上杭人，秦煜为瑞安人，陈绶章原籍无锡，郑振铎原籍福建。他们的学历大都是大学专科、本科毕业或肄业，其专业除综合性或情况不明外，法科十人，医科十人，工科五人、师范科四人，理科三人，文科三人，政治经济三人，商科一人，农科一人[1]，根据一九二〇年一月《新学报》第一期公布的“永嘉新学会会员录”，会员人数后增至七十三人。

永嘉新学会筹备经过可谓筹划甚久但好事多磨，“吾们要组织这个会的意思是很早的。前几年就有人商议了几次，不过因为种种困难，没有去办。本年七月初的时候，吾们一班同志又提起这件事，前后开了几次筹备会。”[2]这其中，随着社会形势的变化，尤其是新文化运动的兴起，学会同仁逐渐达成共识，要积极学习新思想，改造旧思想，“大家以为现在欧战告终，世界的‘学术’和‘思想’变迁得很利害。那‘风驰电掣’似的‘新潮流’早已经飞渡太平洋到陈旧的中国了。若没有一个交换学识的机关。吾们的意思那里可以沟通，吾们的学术那里还能够有进步？所以本会成立的必要，非但是那天到会的人所同声主张的，并且是社会上一般心理所公认的。”[3]永嘉新学会第一次常年大会上通过的《永嘉新学会的宣言》亦申明了这种共识：“今日是什么时候呢？岂不是新旧思想交战的时代吗？但是新旧思想交战这句话，并非说我们抱新思想的人和他们治旧学的人相交战，是说我们自己的新思想和我们自己的旧思想相交战，因为我们脑中还有许多旧思想，若不肯把这种旧思想翻过身来，适应着潮流，变了新思想，就不曾进步了，所以我们这个新学会的宗

[1] 胡珠生：《永嘉新学会和〈新学报〉》附录《永嘉新学会会员录》，《鹿城文史资料》第二辑，中国人民政治协商会议浙江省温州市鹿城区委员会文史组编，1987年，第81至84页。

[2] 《永嘉新学会的“沿革”和“组织”》，《新学报》第一期，1920年1月。

[3] 《永嘉新学会的“沿革”和“组织”》，《新学报》第一期，1920年1月。

旨是消极的打算改革我们自己的旧思想，积极的打算创造我们自己的新思想。”[1]

对于永嘉新学会的性质，姜琦等人有明确的认识。在他们看来，学会其一是“做个互相研究交换学识的机关”，“因为现在的社会是很复杂，不比从前简单的。从前读书的人‘闭户自修’是可以做得到的。谚语所谓‘秀才不出门，能知天下事’。现在却不是这样。社会的需要很多，我们看着社会的需要是什么，我们就要研究什么。但是我们自己的力量是有限的，若非靠着多数人拿许多智识来交换互相补充，就不够用了。所以是不可不组织一个学会”。为此，永嘉新学会的任务之一便是“就个人论，是革新思想的好法子；就社会论，是帮助同类的好法子”。其二是以此结成志同道合之团体，“要入会的人，要明白知道会的宗旨，宗旨和我合，我就入会。宗旨和我不合，我就不入会。入会之后，我自己是要负责任的，被选做职员，是不可推却的，开会的时候，是不可躲避的，规则是要尊重的，时间是要遵守的，不可把全副责任都放在少数职员身上。职员不过是会中公仆提纲挈领的，一切进行，是全靠着各个会员同心协力去做的”。其三是要求会员主动学习，自我学习，“我们组织这个学会，是要人人都负责任，各有组织的能力，人人都求进步，做个改良社会的先锋。这就是实现本会宗旨‘培养德性，交换学识，促进思想之革新’的一种办法”[2]。

作为温籍学人团体性质的区域学会，永嘉新学会受到了当时温州社会贤达和各地温州商会的支持，这在资金资助方面有所体现，据其“本会一年来的略史”指出，捐助该会基金的社会人士有黄溯初（英洋五十元）、吴璧华（英洋三十元）、林竺僧（英洋三十元）、姜桐轩（英洋三十元）、林立夫（英洋三十元）、张云雷（英洋二十元）、吕文起（英洋三十元）、徐寄庼（英洋十元）、陈宗一（英洋三元）、

[1] 《永嘉新学会的宣言》，《新学报》第一期，1920年1月。

[2] 《永嘉新学会的宣言》，《新学报》第一期，1920年1月。

潘鉴宗（英洋三十元）、杨雨农（英洋十元）。与此同时，永嘉新学会成员也往往赴地方文化场所为民众讲授通俗知识，如一九一九年八月，余刚等六人讲授“夏令卫生大要”、余继敏等四人讲授“传染病之预防法”；一九二〇年二月，朱隐青讲授“迎新潮流者之态度”，杨效苏讲授“教育与生活”，傅复天讲授“我之中国观察”。但是，永嘉新学会因与地方贤达联系密切，其介绍的西方学说也与当地部分人士的观点产生抵触，姜琦为此刊文解释了彼此不冲突，认为“我们这个新学会的宗旨是消极的打算改革我们自己的旧思想，积极的打算创造我们自己的新思想。若不把这宗旨说个明白，恐怕他们治旧学的人就要误会起来，一定说我们组织一个党会，拿来攻击他们，带着几分神秘革命党、破坏党的性质。这是很不对的。他们不知道抱革新思想的人也要治旧学。不过我们要治旧学是一种手段，并非是一种目的”[1]。并希望地方父老向西方学者学习，“拿‘启发后进诱导青年，促进人类社会的进化’做自己的天职，不肯习故为常，坐观成败”[2]。

一九一九年十二月二十八日，永嘉新学会召开临时会议，决定创办会刊。一九二〇年一月，《新学报》作为“永嘉新学会机关杂志”正式创刊，由永嘉新学会出版部主要负责编辑工作，“本部设主任一人，编辑六人，出版物的名目叫做《新学报》。他的出版物的数目，每年暂定两册：一在一月一日，一在七月一日。会员都有投稿的义务，会外的明哲如果有同本报宗旨相合的著作，也可以代登。不过编辑员有去取及修改文字的特权。本会会员的人数有限，而且有的人是在社会上服务的，有的人是在求学时代的。吾们实在抽不出许多的功夫去办那日刊，或月刊。如果将来会员的人数多起来，材料丰富起来，另筹办法”[3]。该刊“以研究学术，灌输心智，报告本会消息”

[1] 《永嘉新学会的宣言》，《新学报》第一期，1920 年 1 月。

[2] 姜琦：《地方父老和新青年》，《新学报》第三期，1921 年 1 月。

[3] 《永嘉新学会的“沿革”和“组织”》，《新学报》第一期，1920 年 1 月。

为宗旨，“凡含政治意味之论文，及无谓之诗文小说，本报概不登载”[1]。“誊写务须清晰，并加新式标点”，“稿中所有外国专名及科学术语，除通常习见者外，须加注原文，如系译件，并须注明出处（倘能附寄原文更好）”[2]。作为同人刊物，规定“凡永嘉新学会会员均有投稿本报之义务，外界明哲如有与本报宗旨相符之著作，本报亦代为发表”[3]。

《新学报》为半年刊，一月和七月各刊一期，“但材料充溢时得发行增刊”[4]。出至第三期，永嘉新学会决定将其改为季刊，“本会既以介绍思潮传播文化为宗旨，那么，本会发表言论的利器——《新学报》自应逐渐扩充，才能够尽我们的责任。现在本报每年仅出两册，实在不够，决议改《新学报》为季刊”[5]。《新学报》编辑者为永嘉新学会编辑部，发行者为温州城内道后永嘉新学会，印刷者为财政部印刷局，定价为一期两角五分，第二期改由北京公记印书局印刷，定价为二角，全年四角，总发行所改在温州仓桥浙江第十中学校内永嘉新学会，据该印刷所广告称，“本印书局承印学校讲义、校规、杂志、衙署布告、银行簿记、简章、股票以及依法著作、华洋书籍，无不力求精美，以应委托诸公之雅意。再者，本局兼造中西铜模铅字，各样花边书、边水书、曲线原铅改铸，价值均皆格外从廉”[6]。第三期则改由上海印书馆印刷，价格仍为一期两角。

由于《新学报》编辑人员大都在外地工作、学习，且印刷所也在北京、上海，故该刊虽为温州籍成员所创刊，总发行所也在温州当地，但事实上是面向全国发行的刊物，这在其公布的代售点便可

[1] 《本报编辑略例》，《新学报》第一期，1920年1月。

[2] 《投稿须知》，《新学报》第一期，1920年1月。

[3] 《本报编辑略例》，《新学报》第一期，1920年1月。

[4] 《本报编辑略例》，《新学报》第一期，1920年1月。

[5] 《本会一年来的略史》，《新学报》第三期，1920年1月。

[6] 《公记印书局广告》，《新学报》第二期，1920年6月。

略见一二。第一期《新学报》公布的代售处有：北京地区的北京大学出版部，高等师范售品所，社会实进会（郑振铎）、朝阳大学（吴雄蜚）、清华学校（王书麟）；上海的时事新报馆、群益书局、吴淞同济医工专门学校；南京的暨南学校；天津女子师范学校；苏州的江苏省立医学专门学校；杭州的浙江农工银行、公立法政学校，厦门集美学校，香港大学梅寄宿舍；以及温州地区的各书坊。到第三期时，《新学报》代售处有了稍微的变化，出现了商务印书馆的身影，即北京大学出版部、北京高等师范售品所、清华学校，上海的时事新报馆、商务印书馆、泰东图书局，吴淞的中国公学，天津女子师范学校，杭州的浙江第一师范学校、公立法政学校，厦门集美学校，香港大学梅寄宿舍和温州各大书坊。

永嘉新学会标榜自己的会员要有"精神结合""思想沟通"，并提出要求将"精神解放"和"思想改造"作为前提条件，"怎么叫做'精神解放'呢？就是说人人心中都要除去一切拘束、一切常见，变了空空洞洞，一尘不染的状态。分析的说明，就是说人人心中没有党派的见，地方的见，阶级的见，恩怨的见，好恶的见，人人平等，人人自由。然后精神不结合自然结合了。怎么叫做'思想改造'呢？就是说人人都把陈旧的不适用的思想翻过来，改变为崭新的适用的思想的意思。但是我们所学的学问是各不相同的，不能够叫甲的学问经过了和乙丙丁等完全相同……变静止思想为活动思想，变保守思想为进取思想，人人进步，人人革新，然后思想不沟通自然沟通了。总括来说：就个人论，精神要解放，思想要改造。就社会论，精神要结合，思想要沟通。"[1]然而，精神要解放，思想要改造，其实就是引入美国实用主义等西学，改造原有的温州永嘉之学。这一点姜琦在《新学报》"发刊辞"就已指出：

夫"永嘉学派"之精义，在于即体即用，坐言可以起行，与近今美国之"实用主义"（pragmatism）若合符节，惟美国"实用主义"

[1]　《永嘉新学会的宣言》，《新学报》第一期，1920年1月。

与永嘉“经制学派”，究而按之，微有不同之点。盖彼则注重组织新经验，以为书籍乃一种过去社会之陈物，不适用于今日者也。杜威（Dewey）曰:“经验不是一本老账簿，乃是一个有孕的妇人；乃是现在的裹而怀着将来的活动。”又曰:“教育即是社会，功课即是生活。”观杜氏之言，实以现代社会为出发点，组织种种新经验，以谋适用于实际生活者也。此则虽不喜空谈玄妙而重究心实用，然皆以通经学古为前提，采用古昔之礼乐制度而见之事功，所谓经制之学者，要不外乎周公所谓“三事”“三物”之遗制而已。似仍不免陷于墨守成法之弊而无创造革新之举也。本会同仁有鉴于此，以为今日世界思潮日进不已，墨守成法决不能适应于新时代之要求，因采取美国“实用工义”以药我“永嘉学派”之病，特发斯刊，名曰《新学报》，收世界种种新智识为集思广益之助，其于我永嘉诸先哲有用之学说，益发挥而表彰之，使新旧学术融化于一炉，铸成一种学说，以谋适用于今日实际生活也。凡我同人，认定宗旨，取一致论调，共同进行，异日不难有所谓“新永嘉学派”之出现。[1]

从中可见，《新学报》的宗旨在于输入近代西方学说，复兴传统永嘉学派，以成就“新永嘉学派”。为此，吴孝乾特意在《说新》和《革新家》两文中指出传统与革新的关系问题，“旧者不可离新而独立，新者亦不可离旧而独立。新之与旧，又无一定界限。视之而相反，而不能相离。盖有新陈代谢之理在也。夫物质自在变化以来，即有新陈代谢之理而存在。旧者去，而新者代之；既而新者渐成为旧，有更新者代之。长此以往，绵绵不绝，以成进化不已之世界。新之对于旧者，一部份有代旧者之位置，与责任；一部份又有须受旧者之保护。旧之对于新者，一部份有保护新者之责任；一部份又有让传新者之必要。故新陈代谢而不起冲突”[2]。认为革新家是“先觉”“社会的真光”“世界的明星”“人类幸福的先锋”，他们“宁受

[1] 姜琦:《发刊辞》，《新学报》第一期，1920 年 1 月。

[2] 吴孝乾:《说新》，《新学报》第一期，1920 年 1 月。

社会的嘲笑痛骂，人类的奇辱极刑，世界的攻击排斥”，“总是始终发明他的新思想，实行他的新精神，主持他的新学说，殉他的新主义”，并呼吁青年学人成为社会的“革新家”，“我们的现在中国新青年啊！你们是要做顽固的陈死人呢？是要做随波逐流的庸人呢？还是要做社会真光，世界明星，人类幸福先锋的革新家呢？请我亲爱的现在新青年仔细去选择罢”[1]。

《新学报》是一种综合性期刊，从其刊载的文章内容来看，探讨的重点之一是教育学，其文章数量大致占到该刊物论文栏目文章的四分之一左右，第一期刊载的文章有许文锵《杜威教育的观念》、周遽《中等以下的学校为什么不应该设读经科？》、梅祖芬《中等学校国文教授之研究》、陈绶章《国民学校的教员应该怎样？》，第二期有刘勍《今后教育家的觉悟》、Irving.E.Miller 著，苏毓棻译《教科书的问题》，第三期有许文锵《社会化底教育》、柯豪《乐利哲学与人心改造》、许文龙《教育与生命》、高卓《幼稚的时期与教育》、林昭音《儿童游戏与自动教育》等。这些文章积极呼吁引入西方教育新理念，如许文锵认为，“教育哲学所宜解决之重要的问题，即如何调剂正式的，与非正式的教育之方法也。换言之，即用何种方法，使偶然的教育，与有意的教育，咸得其平也。夫知识之获得，与技能之增进，苟不影响于社会之组织，则活泼之经验，永不可得；而学习之能事，亦仅在造成书痴而已。于是由专门学习而始获得之知识，与由社会交际之中不知不觉而获得者，其间若有鸿沟为界，而常不相融化。欲纠正斯弊，以谋专门知识之发达，则当今教育之急务也。”[2] 甚者，部分学者以此提出了温州教育改革的具体方案，周邦楚提出改良温州教育必先整顿当地的教育会，“我们永嘉的青年，如要把永嘉的社会整顿起来，不可不先把永嘉的教育大大的整顿；要把永嘉的教育整顿，又不可不先把永嘉的教育会整顿一番，有良

[1] 吴孝乾：《革新家》，《新学报》第一期，1920 年 1 月。

[2] 许文锵：《杜威教育的观念》，《新学报》第一期，1920 年 1 月。

善的教育会，才会有良善的教育出现。如果有了良善的教育出现，这个永嘉的社会也不期然而然的改良了。”[1]

其次，《新学报》对白话文运动加以积极响应，指出“本报文词以浅近文言或国语为限”，刊载了大量以白话文写作的小说和诗，其中白话诗有吴孝乾《爸爸你到那里去？》（一期）、李孝乾《面包与宝石》（一期）、刘文庄《暴风雨的时期》（一期）、吴江冷《冷！饿！》《不寐》（二期）、陈时琳《瞎子》（二期）、杨前海《送别姜伯韩君到杭州》（二期）、姜渭民《送爸爸到杭州》（二期），以及叶震《游颐和园》《烛》（二期）、《树叶》《光明》《北河沿步月》（三期）。白话小说则有吴江冷《贼》（二期）、叶震《一个新文化运动家》（二期）和《深夜童语》（二期）等。同时刊载了对于白话文学的反思与讨论，如孙延杲《文字改良刍议》认为“今之谈文学改良者，其论尚矣。文学既改良，则所以造成文学之文字，宜先改良无疑”。提出中国文字不可废弃，但要加以改良，其中之一便是“得白话之文字为之辅助”[2]。而郑振铎则分析了俄罗斯文学的特质及其发展阶段，认为十月革命后将会迎来新的发展，“俄国现在已易专制而为自由的国家，易皇帝而为劳农的政府。一切自由的阻碍既去，全体人民的解放，方始光明，快活充满了一切人的心里。环境既变，那种沉痛，灰色，失望的文学，恐怕也要扫除净尽，一易而为快乐，希望赤色的文学了！这是第一层的推测。还有一层就是：俄罗斯人的感情极富，文学的含蓄力极充满，以前屈抑于专制之下，每有不能尽言，不能自由发展的机会。现在这种抑逼，阻碍既去，文学潮必复一时涌起，至于极盛。这也是可以决言的！”[3]

最后，《新学报》积极引介西方各种政治、社会学说，如第一期重点介绍了社会主义学说，如 Ira.B.Cross 著，谷旸译《社会主义

[1] 周邦楚：《改良永嘉之教育宜先整顿教育会》，《新学报》第一期，1920 年 1 月。

[2] 孙延杲：《文字改良刍议》，《新学报》第二期，1920 年 6 月。

[3] 郑振铎：《俄罗斯文学的特质及略史》，《新学报》第二期，1920 年 6 月。

的定义与差别》、张强《破除社会的阶级》，第二期和第三期连载了英国学者罗素《达自由的路》部分章节，其中张强认为，“社会的阶级是万恶之原，吾们若不同心协力破除他，就不能享平等自由的幸福了。近几年来，有一部分的人已经有这个意思；但是多是纸上的空谈，能够实行的人还很少，我做这个题目是要引起一般人的注意，是要大家实行这‘破除社会的阶级’一句话。这个现在应该破除的阶级大约有五种，就是官僚的、绅士的、文人的、有产的、男子的，由这几种阶级所发生的弊病，实在是利害得很，我且老老实实把他写出来，使大家晓得儆戒，使大家同心破除”[1]。并就中国妇女解放、经济金融等社会问题加以探讨，如郑振铎《中国妇女解放问题》一文从道德、社会心理、教育、职业、政治等方面中国妇女受到“最紧要的”束缚和压制加以分析，并针对这五个方面依次提出了解放的方法，进而呼吁国民积极致力于妇女解放运动，“我们学问太浅，所拟的办法必定有许多不对的地方，我的感受旧家庭旧社会的痛苦，又不像一般人怎样深，所陈述的一切情况必定也有许多遗漏不切的地方，很希望读者诸君起来互相研究，补正我的缺憾。这种言论的鼓吹，纸上的研究，也是尽力于妇女解放运动的第一步啊！”[2]

此外，《新学报》刊载了大量的科普知识，如周邦楚《制造机器厂之组织及其效用》（一期）、洪勋《朴廉斯之功效及其用法》（一期）、杨畴《烟草有害于卫生》（一期）、林刚《森林对于人生之利益》（一期）、叶峤《简便正确的子利计算法》（二期）、伍献文《显花植物花之天演痕迹》（三期）、曾省《柑橘虫之病害及其防治方法》（三期）。这些科技文献多结合地方实践而作，如曾省《柑橘虫之病害及其防治方法》（三期）指出，“我瓯地处浙省东南，气候温和，土壤膏腴，素以产柑橘著”。然而柑橘种植深受病虫之害，“地方偏

[1] 张强：《破除社会的阶级》，《新学报》第一期，1920 年 1 月。

[2] 郑振铎：《中国妇女解放问题》，《新学报》第一期，1920 年 1 月。

僻，农民智识不足；故病虫孳盛，而防治无法，每年损失不知凡几”。对此，作者自称“殊深怵惕”，“特做柑橘虫病害及其防治方法”[1]。

《瓯海新潮》

五四新文化时期，在外求学的瑞安籍学人受到新思潮的影响，萌发了要求改变中国社会的想法，如时在北京高等师范学校求学的周予同认为社会存在不公平，希望通过改造教育以改变社会。他回忆说：“我还在北京高等师范学校读书的时候，就因受到科学与民主的新思潮的影响，而对研究社会问题，发生强烈的兴趣。那时上师范大学的，都是穷学生。从我的境遇，再看到绝大多数的穷苦人民都没有受到教育的希望，使我痛感学校制度极不平等、极不合理，于是便去研究原因。五四运动前夜我在北高师有篇演说稿，现在还保存着，那里面曾说：‘现在的社会制度是不平等，所以在这种社会上建设的学校制度也跟着不平等。我就是抱着改造教育必须先改造社会的渴望，投身于五四运动的。’”[2]

为“传播文化改造地方事业”[3]，部分在北京的温州籍学生，如瑞安籍周予同、乐清籍王鹤清等人共同发起，于一九二〇年五月一日创办了《瓯海新潮》。对于创办《瓯海新潮》的具体原因，周予同解释说，主要是基于两个因素的考虑：一为积极方面，是“传播文化”“改良地方”。在他看来，由于五四运动的爆发，中国文化运动进入了新阶段，但是“不彻底”“不普及”，其中温州地区情况便是鲜明的案例，“专就我们家乡瓯海一部分说——旧温属——不要说和世界的思潮差得远，就是中国最近的文化，人家已经闹得天花

[1] 曾省：《柑橘虫之病害及其防治方法》，《新学报》第三期，1921 年 1 月。

[2] 周予同：《周予同自述》，《中国经学史论著选编》，复旦大学出版社，2019 年，第 569 至 570 页。

[3] 《〈瓯海新潮〉广告》，《新学报》第二期，1920 年 6 月。

乱坠，他们还是没有觉得，或则简直没有听到。我们家乡虽然有条又阔又幽美的瓯江，但是他永不肯输入新的潮流。一般普通的人，不仅不愿意作一个活泼泼的‘弄潮儿’，并且死紧的关上大门，过那老祖宗传下来的生活”。作为新时代的青年，“不过是学生，或则已经毕业才服务社会的”，“本着创造的冲动和悲悯的情绪”，“对于所住的地方——瓯海，一定注意他去管他。地方上所缺少的善，我们用文字来提倡，或则进一步的创造；地方上的恶，我们用文字来批评，或则进一步的破坏。总之，我们积极方面的目的，就是‘传播文化’‘改良地方’两个大字就是了”。二是消极方面，“减少内地人的误会”，“我们办这个《瓯海新潮》，并不是为挂一个新招牌”，“我们不受虚荣心的支配去办这个半月刊”[1]。

周予同担任《瓯海新潮》主编，其他编辑及投稿者也都是温州籍学人，“本社系旧温属旅外同志之教职员及学生等人自由组织而成，与社外人并无丝毫关系，所有经费，亦全系各社员按月捐助，并未在外筹募分文”[2]。该刊原为半月刊，次年改为月刊，“本刊因第一卷半月刊系小册子易于遗失；且本月刊付印校对和发行手续太麻烦，本社社员皆系学生和教职员，难以兼顾；所以自本卷起改为月刊，增加内容和篇幅，以副阅者诸君之雅望”[3]。该刊编辑通信处总发行所设在北京翠花胡同大车公寓瓯海新潮社。《瓯海新潮》登载收费广告，“全面每号三元，半面一元六角，四分之一面一元，长期从廉另议”。其售价每期大洋二分，订阅者自取铜元二枚，全年二十号大洋三角，半年十号大洋一角六分。其预设读者是温州、丽水地区的民众，刊物也主要是在这一地区销售，即“本刊系地方杂志，在瓯括两处销售，外地除交换杂志外，其余各处来函订报派

[1] 周遽：《发刊宣言》，《瓯海新潮》第一期，1920 年 5 月。

[2] 《本刊紧要启事》，《瓯海新潮》第二卷第一期，1921 年 1 月。

[3] 《本刊启事一》，《瓯海新潮》第二卷第一期，1921 年 1 月。

报及交换广告者，恕不如命”[1]。在温州各地设有代售处，有：浙江第十中学贩卖部，浙江第十师范陈化熙、张卓英，永嘉日新书局、维新书局、温州甲种商业学校陈挽文、瑞安第一巷周予同、瑞安大沙巷孙仲珩、乐清柳市街胡普益书坊、乐清白象黄挽臣。

《瓯海新潮》的定位为“通俗”，是“本我们创造的冲动和悲悯的感情，用系统的介绍来传播文化，取诚恳的态度来改良地方”，“现在新出版物非常的多，我们若是想传播文化，那么买几本寄回去也可以，为什么一定要自己办杂志呢？这个缘故，因为外地出版物往往已经提倡初步以上的文化运动，不适合本地方的情形。所以我们现在对于新文化新思潮，想用系统的介绍，使他们明了它的真理和价值，渐渐的引到那高深的地步去，决不用‘迅雷不及掩耳’的手段和杂乱无章的学说，使他们‘莫名其妙’，或则发生厌恶的感想。我们出版的目的已是想改良地方，那么地方上的一切风俗习惯以及偶发事情，我们当然不能盲目的服从或虚伪的赞美，我们当然要持批评的态度。”[2] 为此，《瓯海新潮》论评、随感录、新文艺、转录等栏目刊载的文章内容多围绕这一宗旨，“本刊为传播文化改良地方起见，对于温属各界的投稿和通信，特别欢迎”[3]。并在投稿简章中申明“特别注意地方情形”[4]。此外，刊物文字以白话文为主，并采取新式标点符号，“文体采用国语文，并施行新标点；但简洁明显的文言，也可登载”，“每节起首低二格；句读，和疑问，惊叹符号，加在每行中间”[5]。

就《瓯海新潮》的具体内容而言，其一是提倡白话运动，鼓吹文学革命。周予同指出，白话运动尽管在北京等主要城市已习以为

[1] 《本刊启事三》，《瓯海新潮》第二卷第一期，1921 年 1 月。

[2] 周遽：《发刊宣言》，《瓯海新潮》第一期，1920 年 5 月。

[3] 《本刊启事一》，《瓯海新潮》第一期，1920 年 5 月。

[4] 《本刊启事三》，《瓯海新潮》第一期，1920 年 5 月。

[5] 《本刊启事三》，《瓯海新潮》第一期，1920 年 5 月。

常，但就温州来说，却是非常陌生，“在现在国语文学很发展的时候，这篇文字似乎没有作的必要；就是作成，也不过是千篇一律的空话与精神物质的浪费，有什么意思呢？然而我现在为什么一定要做呢？这个原因等我慢慢的说来。我没有回家乡已经三年了，到那时对于家乡的文化非常注意。去年冬天，有位朋友从家里回京，我问他那边文化的程度怎么样，他皱了眉头说：‘咳！他们有些连注音字母是什么还不晓得。一提到白话文三个字，他们有些就摆起‘承道统’的架子来反对，并且和过激派合成一个观念。——其实他们还不知道什么叫做过激派’。我听了觉得很悲观，当时很想作一篇文字登在本地的报章上，解释解释这种误谬。”[1] 为此，他连续发表了《国语文的价值》《国语运动的历史》等，认为白话文在文化、教育等方面具有重要价值，并总结说国语运动在一九一七年至一九二一年经历了注音字母运动、国语文学运动和国语运动成功三个阶段。叶溯中则提出了温州学人要重视新体诗的价值，认为“《瓯海新潮》创刊号里，周予同君曾有《国语文的价值》一篇发表，内地——温州——诸君想必已经看见，对于国语文是没有什么怀疑了。但是新体诗一方面，恐怕诸君没有彻底了解，不免有些误会。俞平伯君说社会上对于新诗的各种心理有，（一）反对诗的改造；（二）反对中国诗的改造；（三）反对我们改造中国诗；（四）赞成的——盲目的赞成和有意识的赞成——四种。我想陈腐的温州，这四种心理想必俱有了。因为这个样子，所以我不自量力，勉强凑成这一篇，同诸君讨论一下。”[2]

其二是批判封建礼教，呼吁男女平等，婚姻自由。刘思玄分析了礼教压迫下的妇女，不仅要遭受丈夫的毒打、翁姑的虐待，而且稍有抵抗，提出离婚，亦被各种社会舆论所胁迫，认为这是不守妇道，直呼妇女的这种命运是“压在黑暗的地狱底下，没有出头的日

[1] 周遽：《国语文的价值》，《瓯海新潮》第一期，1920 年 5 月。

[2] 叶溯中：《新体诗的价值》，《瓯海新潮》第一卷第四号，1920 年 6 月。

子”[1]。孙延杲认为当时社会“倡导妇女解放”的呼声很高，温州亦要参与其中，但若要做到妇女解放，则必须从男女社交公开入手，具体来说，即一要实现男女同校，二是女子就业要一律平等，“工厂以及一切职业的机关，应许女子加入同工共作才好。就是高等职业如医生、律师、教师、公司职员，一切重要地位，以应有女子的分子”[2]。三是女子参政成为现实。郭心崧则分析了蒙昧、野蛮和文明三个时期的男女婚姻制度变迁，指出这是与社会生产力发展有着密切的联系，“大抵人类社会之历史，分为蒙昧、野蛮、文明三大时期，以获得生活上必要物之方法之进步发达如何而区分之。蒙昧时代者，天然物采集时代，即所谓渔猎时代也。野蛮时代者，即所谓牧畜农耕时代，以人力而增加天然之生产力，原始器具亦渐发明。此后为文明时代，始于文字发明以及今日：利用自然物时代，制造时代，工艺时代是也。应上三大时期之变迁，男女关系亦因之而异。”并在分析各个时期的婚姻制度时联系温州当地某些婚俗习惯，指出这是落后婚姻制度残留的痕迹，要求积极加以革新，譬如在分析群婚制度的残留时指出：“以温州风俗言之，结婚初夜，有看新娘习惯。下流人家，往往举动近于猥鄙。其亦初夜一时的自由公开欤？同乡兄弟姊妹，必有亦予言为无礼者，然何以有此等陋俗，我殊不解。将来将此风俗改为介绍新妇于亲戚朋友之习惯，则无愧文明之举动也。”[3]

其三是揭露温州各地的社会陋俗。赵烈对乐清的赌博现象加以分析，认为该县盛行赌博之风，“除了一岁至六七岁的孩子外，其余的百个里面，就有四五十会赌的；不过程度有不同罢了”[4]。并从

[1] 刘思玄：《可怜礼教底下的妇女》，《瓯海新潮》第一卷第四号，1920年6月。

[2] 孙延杲：《我对于男女社交公开的意见》，《瓯海新潮》第一卷第三号，1920年6月。

[3] 郭心崧：《男女关系概观》，《瓯海新潮》第二卷第一期，1921年1月。

[4] 赵烈：《我邑——乐清——的赌风和救济的方法》，《瓯海新潮》第二卷第一期，1921年1月。

社会教育的缺失，社会娱乐场所的缺乏及地方官吏的不负责等因素来分析其内在的成因问题，指出这种赌博之风最终破坏了社会信用，扰乱了社会秩序。王书麟则认为温州社会上婚姻并不是男女恋爱的结果，而是一种“买卖生意”，社会认识对婚姻大都有钱财、势力、才貌三大要素的考量，为此他呼吁说，“我盼望以后，做父母的把嫁妆的钱，给他的女儿去读书；至于将来他们的婚姻，尽可以置之不问。爱嫁谁就是谁，那不特是他们的子女的利益，就是世界的人类，亦受惠不少了。”[1] 而冷眼批判温州群众的风水观、保守心理及官场溜须拍马风气等现象，如认为一九一九年为瓯海道尹黄庆澜离任所做的万民伞、匾额、送行等行为都是“拍马屁”，把地方上的民众“闹得天翻地覆，鸡犬不安”[2]，温州冬季的火灾频发并不是民众所认为的风水不好所致，而是“温州那时候正是大旱，风高物燥，容易起火；况且火势要蔓延的时候，傍边的房屋又不肯拆毁，警察的保安队复救护不力，所以一霎烟间，就蔓延得很长了”[3]。

[1] 王书麟:《温州社会婚姻上的三大要素》,《瓯海新潮》第二卷第一期，1921年1月。

[2] 冷眼:《万民伞——匾额——送行》,《瓯海新潮》第一期，1920年5月。

[3] 冷眼:《风水》,《瓯海新潮》第一期。

永嘉学人群体的一次受挫

◎ 张声和

南宋时期，正是永嘉学盛起之时，受一历史事件的株连，永嘉学的主要成员遭到严重的打击，永嘉学传承严重受挫。这便是发生在南宋时期的“庆元党禁”，历时六年之久，整个事件被列入“伪学逆党”获罪著籍者共五十九人，而温州籍的学人官员竟占了九人。

永嘉之学受挫于“庆元党禁”

温州古称永嘉郡，主张事功的众多学者都是温州人，所以称为永嘉事功学派，简称永嘉学派或永嘉之学。永嘉学人以理学研究传播文化，以办书院授徒为取士方向，以事功学问推动社会进步。几百年后黄宗羲对永嘉学高度评价：“永嘉之学，教人就事上理会，步步著实，言之必使可行，足以开物成务。盖亦鉴一种闭眉合眼，朦瞳精神，自附道学者，于古今事物之变，不知为何等也。夫岂不自然？而驯致其道，以计较亿度之私，蔽其大中至正之则，进利害而退是非，与刑名之学，殊途同归矣！此在心术，轻重不过一铢，茫乎其难辩也。”（《宋元学案》五一卷《水心学案》）这么一个学术群体却在“庆元党禁”中遭受了严重挫折。

“庆元党禁”，是指宋宁宗庆元年间韩侂胄打击政敌的政治事件。一一九五年（庆元元年）二月，韩侂胄使谏官奏赵汝愚以宗室居相位不利于社稷，与韩侂胄意见不合者都被称为“道学之人”，后又斥道学为“伪学”，禁毁理学家的《语录》一类书籍。科举考试中，稍涉义理之学者，一律不予录取。宋宁宗赵扩又下诏，订立“伪学逆党”籍。赵汝愚被贬，朱熹、彭龟年等奏论韩侂胄事，亦加贬逐。名列党籍者都受到了不同程度的处罚，凡与他们有关系的人，也都不许担任官职或参加科举考试。

被订立“伪学逆党”籍著籍者共五十九人。

涉及宰执大人物的有四人，有赵汝愚、留正、王蔺、周必大。

待制以上官员有十三人，他们是：朱熹、徐谊、彭龟年、陈傅良、薛叔似、章颖、郑湜、楼钥、林大中、黄由、黄黼、何异、孙逢吉；

其他的官员有三十一人，分别是：刘光祖、吕祖俭、叶适、杨芳、项安世、李皇、沈有开、曾三聘、游仲鸿、吴猎、李详、杨简、赵汝谠、赵汝谈、陈岘、范仲黼、汪逵、孙元卿、袁燮、陈武、田澹、黄度、张体仁、蔡幼学、黄灏、周南、吴柔胜、王厚之、孟浩、赵巩、白炎震；

还有武职大臣三人，他们是：皇甫斌、范仲壬、张致远；

一般的士人有八人，他们是：杨宏中、周端朝、张衜、林仲麟、蒋傅、徐范、蔡元定、吕祖泰。

温州籍九人被著籍"伪学逆党"名单中的有：知临安府徐谊、中书舍人陈傅良、淮东总领叶适、户部侍郎薛叔似、校书郎陈岘、国子博士孙元卿、国子正陈武、福建提举蔡幼学、太学生周端朝。此外，名单中的周南、赵汝谠、赵汝谈三人连同周端朝都是叶适的门人。

永嘉学者在这次事件中受贬人数众多，且均负有盛名，对于科举取士产生了重大影响，已经为官的均受到降贬。更尤甚者，朝臣中不少人产生妒忌猜疑，发表议论中伤，落井下石。如庆元三年（1197）的知贡举的官员报告，就是中伤永嘉学人偏颇之词："三十年来，伪学显行，场屋之权，尽归三温人 。预说试题，阴通私书。所谓状元、省元与两优释褐者，若非其亲故，即是其徒。"这个报告对于一个地区的学术群体的负面影响可想而知。

周梦江先生在《叶适年谱》中指出，知贡举的官员报告中所指的"场屋弄权，尽归三温人"，即叶适 、陈傅良、徐谊。周先生从报告所列的时间的差错，证明报告的不实之处：庆元二年（1196）上溯三十年，正是乾道二年（1166），此间并无温籍状元（木待问系隆兴元年状元，不在此限），但有省元蔡幼学（乾道八年），是陈傅良的高足。就非议、中伤的报告可说明，是因永嘉学人群体的社会影响力渐大，引起了朝臣们的忌妒，成了"庆元党禁"的牺牲品。

"三温人"中伤尤甚

在这个事件中，永嘉学人群体受到牵连和打击的范围大、程度重，大伤元气。虽永嘉学者大多并非“道学”之士，仅是他们在政治上与赵汝愚有联系，就在“庆元党禁”中一概被冠上“道学”之罪名受到了残酷打击。如陈傅良降官职，罢宫观，回乡后杜门屏迹，自题其室为“止斋”；徐谊被列为朱熹之后第二位人物，迫害最重，送袁州安置，后移婺州；叶适在宁宗即位后就自请外补，以避开政治锋芒，但也被列入“伪学逆党”籍之中。另有陈谦、王楠、曹叔远等永嘉学者虽未入党籍，也受连累罢官。

特别值得研究的是，永嘉学群体正当进入最佳的时期，学术方向初步形成，学人群体内外延伸，影响力逐渐扩大。严酷的党禁政治环境，使“人物满东瓯”（陈亮词）的形境发生了根本性的变化。陈亮来温州为淳熙七年（1180），至庆元元年（1195）党禁事件发生之始，这十六年时间是温州学术人物最多、学术研究最辉煌的时段。这场政治灾难，使永嘉学术属性也产生变化，避开了政治和社会属性，从学术逐渐转向了文学，使永嘉学派蜕变为永嘉文派。这也是前些年永嘉学派的研究者们提出的课题。

在这运动中受挫最严重的是陈傅良、徐谊、叶适三人，他们在光宗绍熙五年(1194)均在朝中任职,徐谊先为吏部郎升任左司郎中，不久迁右司郎中，后任国子监发解点检查试卷。陈傅良任起居舍人（兼中书舍人），叶适任吏部员外郎。他们在朝中和学术上很有影响力,甚至被称为“场屋三温人”。陈、徐、叶三人是永嘉学派主要人物，在党禁中受到打击也最酷,直接影响了永嘉学群体学术传承。另外，陈傅良与徐谊是儿女亲家关系，叶适又师承陈傅良，他们的受挫，是群体性和家族性的。

下面对陈傅良、徐谊、叶适受“党禁”影响做简要介绍。

陈傅良（1137—1203），瑞安湗村人。宋绍熙五年（1194）六月，权臣赵汝愚等发动宫廷政变，立赵扩为宁宗皇帝时，陈傅良被召回再任中书舍人兼侍讲，兼直学士院同实录院修撰。后因赵汝愚与韩侂胄争权而失势，韩侂胄得势后打算斥逐朱熹，陈傅良出于公心，对宋宁宗说:“熹难进易退，内批之下，举朝惊愕，臣不敢书行。”这事使傅良以“依托朱熹”的罪名受到参劾，并于庆元二年（1196）被罢官，到嘉泰二年（1202）才得以复官，被冷落了六年。朝廷再任命陈傅良为泉州知州时，他已经是六十五岁了，因年老请求辞职，改授集英殿修撰、宝谟阁待制。陈傅良在被罢官的六年中，闭门静居，著文写诗授徒，取居室名为“止斋”。他写有多首“止斋”的诗：“未知庭庑下，还有雀罗不。”“教子时开卷，逢人强整襟。再贫看晚节，多病得初心。”“止斋十数间，足以便衰老。檐低远风露，地窄易汛扫。”“鬼神无世情，呵护必有道。”这些诗句，尽是“党禁”之后心如止水的生活写照，虽有“老应忘隐忧”的自我安慰，但还是掩不住“尽日一苍头”的悲凉。

徐谊（1144—1208），平阳万全沙冈人。历任枢密院编修官、徽州知府、提举浙西常平茶盐司、吏部员外郎、刑部侍郎、工部侍郎等职。庆元元年（1195），徐谊因“庆元党禁”遭放罢，责授惠州团练副使，南安军安置。在朝廷所置伪学名籍中，徐谊为“待制以上十三人”第二名（名列于朱熹之后），送袁州安置，后移婺州。“温三人”之中，徐谊受责最重，沦落十年。徐谊是很有才气的学者，清代全祖望在《宋元学案》中说“时徐忠文公方起平阳，于永嘉学派又别为一家”。叶适作《宝谟阁待制知隆兴府徐公墓志铭》，不惜笔墨，以三千的文字，深情地为徐谊写传。叶适说他：“得祸最酷，前后坐废十年，以药自鬻，稚儿道长，老母门哭，受祸最为惨重。”徐谊在《谪南安军》中写出了被谪之后的心情：“花飞片片上衣襟，拾得飞花置柳阴。莫遣便随流水去，东君应有惜花心。”他以《石井泉》为题，道出了永嘉学人“只今光焰在毫端”的无奈。陈亮在《谒金门·送徐子宜如新安》词中写下：“四海英游追逐。事业相时伸缩。入境德星须做福。”表达对他的安慰。陈傅良致徐谊的诗中道：“又过一年空草草，寻思万事太劳劳。岁烦士友愁薪米，日见儿童叹鬓毛。”这些诗句，同是徐谊和陈傅良境遇的写照。

叶适（1150—1223），为永嘉学派集大成者。叶适是有政治抱负和政治洞察力的学者，在宁宗即位后便急流勇退，自请外补以避开锋芒，但还不能免除牵连，他被列入了“伪学逆党”籍著之中。其中主要原因是淳熙十五年（1188）叶适曾在《辩兵部郎官朱元晦状》中，驳斥林栗以道学为由对朱熹的指责，而叶适又在“绍熙内禅”中是赵汝愚的同党。但是从整个党争事件中可以看出叶适的正义感，他与朱熹有学术上的争论、分歧，当朱熹受到攻击时，义正词严地为之辩护。朱熹受“庆元党禁”迫害，在怨愤抑郁中于庆元六年（1200）三月逝世，那是后话。叶适虽没有陈傅良、徐谊受罪严重，但于庆元三年（1197）为御史胡纮所劾，降两官后罢职，先是让他主管冲佑观，差知衢州，叶适推辞，由镇江归永嘉。

叶适两度受挫后潜居温州城区水心，奉祠居家，研玩群书，著述讲学。从叶适的诗中表现出人的大度，没有明显的悲观愁绪。但也偶尔透露：“草与地萧瑟，云垂天惨凄。无因再商略，短日送寒鸡。”（戴肖望挽词）在叶适复出时，陈傅良也曾相劝：“愿君养盛年，我友半已翁。”叶适对回乡潜居的态度也是明确的，只是换了一种方式做学问：“我久无家今谩归，卖田买宅事交违。填高幫阔为深费，柱涉檐低可厚非。”叶适在给王自中的诗中写道：“何处有田求二顷，向来三月决归耕。”这也说明叶适经过“庆元党禁”的打击，思考着经世致用和迎合时务学问的道路有风险，萌生要过耕读生活的想法。从叶适的著述中可以看出他的学术转向，明显地有着“文派”移向，如叶适为人作墓志铭多达一百五十篇（只统计于列入文集中的数字），就是一个转向的信息。虽墓志是一种出于“邀乞”的“应酬文字”，但在叶适的笔下，却产生了文创与新变，他为徐谊所作的墓志铭就是典型的一例。

陈傅良、徐谊、叶适是学者、官员、文士兼擅的人物，在学术、政事、文创方面都卓有成就，由于“庆元党禁”的遭遇，致使他们角色侧重点有所转换，转向为研玩群书、著述讲学为主。这也是永嘉学派的群体向着永嘉文派的群体转变的由衷。

林从炯与《承德府志》

◎谢作拳

《承德府志》是道光六年海忠出任承德府知府后用自己的养廉银组织文人专门编修，是继乾隆年间编纂的《钦定热河志》之后又一部热河地方史志，是研究承德及原热河地域历史、地理、民族、经济、文教、军事以及康熙、乾隆、嘉庆三位皇帝治国方略及思想修养的重要典籍，也是研究清史、民族史尤其是避暑山庄文化的重要文化典籍，具有很高的史料价值。现存几种版本的《承德府志》的作者均署海忠修，林从炯等纂。

总纂为海忠，分纂为林从炯和牛昌箓。前有道光十一年三月前热河都统成格序、道光十年清和月那彦成序、道光十年闰四月沈维鐈序、道光十年九月裕恩序、道光十年十月海忠自序及道光十一年四月承德知府苏诚额序。其中分纂林从炯（1779—1835），原名佩金，字华锋，改名从炯，字伯炯，又字子朗，号石筲，浙江瑞安人。道光元年（1821）举人。曾任国史馆誊录。著有《玉甑山馆诗钞》《文钞》。

百度百科对《承德府志》的介绍："由道光年间当时的承德府知府海忠主持编纂，此书从 1826 年（道光六年）开始编写，到 1887 年（光绪十三年）经当时的知府廷杰和教授李世寅修订才正式出了书，前后有六十多年时间。"事实果真如此吗？今笔者根据所掌握的资料对《承德府志》的编纂时间及林从炯在其中所起的作用略加分析，还原历史真相。

一、修纂时间

《承德府志》卷首有海忠序："海忠于道光六年奉天子命来守斯土，下车伊始，即拟创郡志，爰于公暇，谨遵《钦定热河志》，参以古籍，补以今事，阅五年始竣。"据海忠自序，《承德府志》始编于道光六年，于道光十一年完成，阅五年时间，绝非光绪十三年才正式出书。

再根据林从炯写给儿子和父亲的家书等资料：林从炯在道光七年十月十四日《谕朋儿书》中写道："予现就热河纂修郡志聘，脩脯五百金，是绎堂师、煦斋太夫子所荐，再四辞之不能，定于本月十九启程出关。”绎堂师指那彦成（1764—1833），时任直隶总督。煦斋太夫子指英和（1771—1840），时任热河都统。林从炯应两位夫子之力邀，于道光七年十月十九日奔赴热河，开始纂修《承德府志》，脩脯为五百金。又于同年十一月廿六日《谕朋儿书》上说“在滦将及一月，志乘已得四卷”，同日致弟信札中言“郡志一月之内已得四卷，书成自谓应有可观”，可见林从炯编纂府志开局很顺利，说明《承德府志》始编于道光七年十月。

道光八年四月初五日林从炯《谕朋儿书》中提到“余于去年十二月浴灶日冒雪自京出口，除夕前一日到滦……目下《承德府志》已得十之七八，五月底草本可成”。说明到道光八年四月府志已完成十之七八，可见编纂非常顺利。道光八年九月廿六日《谕朋儿书》：“余所纂滦志本八月可成，无如卷帙浩繁，括二千余年事迹，成五十六卷志乘，□间分纂只有一人（姓牛，名昌箓，壬午副榜，天津人）分去十门，待余七月回京时始送校阅，而体例文理处处荒□，现在重订。志共三十二门，余纂二十二门，已煞费心血，今□订十门，又增一番搜辑，必须腊底方完。”此信说明林从炯因不满分纂牛昌箓所编体例文理，须重新订正，导致府志编纂工作要到年底才能完成。林从炯在上父亲禀上亦说道：“今年为那制府师招修《热河志》书，去冬出口，今秋才回京，因此书得有五十六卷，卷帙浩繁，兼之一□□，辛苦已极，大约冬底草本可完，进呈后始付开雕。”也说明年底才能完成草稿。

然而道光八年底，林从炯因父亲去世，旋里守制，府志之事遂不复相闻。后经当事者略加润色，扩充至八十六卷，缮写正本，仅列林从炯名于分纂之列，于道光九年十二月由热河都统成格上奏，十二月二十一日道光皇帝下谕内阁对海忠进行奖励：“热河承德府知府海忠捐廉创修郡志，独力承办，加恩，著交部议叙。钦此。”说明到道光九年十二月《承德府志》已完成编纂，海忠“捐廉创修郡志，独力承办”的功绩已得到道光皇帝的认可。

另据林从炯好友陆元烺的两通信中提及：“郡志业付剞劂，将次完竣”（道光十年十二月初三日），“此书费心一载有余，今已刊刻完竣，奏请议叙，亦属情理当然，想海观察素日情长，自无不竭力说项也。”（道光十一年）陆元烺时在承德任职，与林从炯关系非凡，林从炯曾在《谕朋儿书》中这样介绍陆元烺：“虹江，予丙子同年，其尊人陆老师又予辛酉同年，予认虹江为同年，虹江则呼予为年伯，予不能不称陆老师为年伯，汝入府学当称陆老师为太年伯，帖用门生，一个用年再侄，一个为是，至府见陆师时当代予请安，说予与陆老师相别十余年，现在与虹江年伯同在热河，甚好，予稍缓当有书去奉候，并说近来热河都统待虹江年伯好甚，三年期满即可到京补实缺主事。”说明道光十一年《承德府志》已雕刻完毕，国家图书馆、温州市图书馆藏的版本即是实证。而温州市图书馆所藏道光十一年刻本有林从炯手书题记云：“此志创于道光七年冬十月，洎八年十一月副本告成。”

由此可见，《承德府志》由承德知府海忠发起，林从炯从道光七年十月开始编纂，八年十一月副本完成，九年缮写正本，于十二月上呈御览，十年开始雕版，于十一年印刷成书。然不知何故，此版本流传甚少。光绪十三年承德府知府廷杰和教授李世寅加以修订出版，此种版本为后人熟知，编入《中国方志丛书》（台湾成文出版社 1968 年版），承德民族师范高等专科学校《承德府志》校点组点校《承德府志》也以此版本为底本，于二〇〇六年由辽宁民族出版社出版。

二、修纂主要作者

林从炯受邀到热河之后，即以“每天辰初而起，四鼓而息，网罗散失，征书考史，手不停披，笔不停写”的状态来编纂此志。在第一个月，即写出四卷。因志局设在庄亲王府邸，“屋宇宏敞，宜夏而不宜冬”，承德是著名的避暑胜地，而冬天却很冷，在这里虽“坐落幽雅”，但“无朋友之乐”，林从炯以板凳甘坐十年冷的“耐劳耐苦”精神来编纂此志。

林从炯在道光八年四月初五日《谕朋儿书》中写道：“志书凡二十八门四十八卷，皆予一人草创。”虽然志局设有采访、分纂等人员，但其作用却不大，林从炯在信中写道："此间聚聋而鼓，了无见闻，至采访、分纂全无其人。"林从炯只能自己"朝夕搜讨，手自抄写，心力俱竭，塞上故实甚多"。

在编纂过程，分纂牛昌箓分去十门，但牛昌箓的编纂成果，林从炯极为不满，加以重订，至道光八年底完成，共得三十二门五十六卷。林从炯九月廿六日《谕朋儿书》云："余所纂滦志本八月可成，无如卷帙浩繁，括二千余年事迹，成五十六卷志乘，□间分纂只有一人（姓牛，名昌箓，壬午副榜，天津人）分去十门。"实际上牛昌箓只编纂八门，为"学校、坛庙、寺观、田赋、名宦、选举、人物、列女。牛君惟此八门，而竟无一字，腆居分纂□□也"（道光十一年刻本林从炯题记）。

陆元烺于道光十年十二月初三日致林从炯信札中言："郡志业付剞劂，将次完竣……且全志系一手纂定，成竹在胸，即乞代为捉刀，即交春畬大兄带来付刻，是所切祷。"在陆元烺眼中，府志系林从炯"一手纂定"。

林从炯儿女亲家潘国诏多次来信中提及："滦阳志书既成两卷，其余势如破竹。""志书想已纂修成帙，热河酬钱事件改归都护管理，已奉新定章程，新志适逢其会，官司、赋役等志，弥觉簇簇生新。木兰秋差既奉停止，则此书谅可不受促迫，从容考核，更益精审，不朽之盛业也。""滦阳志书想有成竹，以阁下载笔三长，史才素裕，书成定当与对山武功、平湖灵寿鼎足而立，敬羡敬羡。"

友人沙德培来信："日来稍暇，定能专事志书矣。吾兄大人胸罗锦绣，笔灿烟云，他人笔墨本难相并，重订一层，顾意中事耳。将来此书一出，为艺林所资，皆吾兄功德也。""志书重订各门，现已将次告竣，辛劳独任，不特居停感佩。"

友人潘鼎来信："闻承德志书有虹江之乡友陈姓者大加驳斥删改，海六先生因而茫不知所从。今将两稿并送朱虹舫先生鉴定，闻虹舫先生颇是兄稿。"均表明林从炯在编纂《承德府志》。

温州市图书馆藏道光十一年刻本有林从炯手书题记："热河地处塞上，采访无人，分纂延牛君获垞又草率，八门无一字可用，于是旁搜远籍，近取见闻，一手纂订，穷日累月，甚矣其惫，而中间诋排如崔君廷诏（号丹樵，热河教授，霸州人），改易如陈君淦（号望楼，海宁副车）。至以凡例改为纲目，谬戾若此，幸正于朱虹舫阁学，原本始定，甚矣官书之难也。道光辛卯十月从炯记。”可见林从炯编纂的府志得到朱虹舫先生的肯定。朱虹舫（？—1830），名方增，浙江海盐人，嘉庆六年进士，选庶吉士，授编修。典云南乡试，迁国子监司业。二十年，入值懋勤殿，编纂《石渠宝笈》《秘殿珠林》。旋督广西学政，累迁翰林院侍读学士。道光四年，大考第一，擢内阁学士。典山东乡试。七年，督江苏学政。为翁方纲之子翁树培门生。

道光十一年三月前热河都统成格序：“余于道光八年奉命莅热河都统任，适海靖堂忠守是邦，以承德向无志乘，公暇从事采辑，悉遵《钦定热河志》程式而广所未备，别类分门，多为八十六卷。”温州市图书馆藏《承德府志》此页天头有林从炯批注：“此文乃余同年陆君虹江代作，采辑俱不提及余一句，但谀海郡伯一人，诚不覈实。”表达对陆元烺的不满。海忠序天头亦有林从炯批注：“此文乃朱虹舫同年代作，知之而故隐之，何也？”林从炯编纂的草稿曾经朱方增鉴定过，但在其代海忠所作的序言中一句未提及林从炯之功，难怪林从炯发起这样的感叹。

总之，林从炯一手纂定《承德府志》的功绩，在几位写序者的文字里只字未提，总纂之功转到了海忠身上，致使“而今之读《承德府志》者，遂无由知其皆出先生手矣”（张棡《林石笥先生行状》）。

故林从炯在刻本中做出如此批注：“总纂：承德府知府，今升任热河兵备道加三级又随带加一级记录九十二次海忠”条下，改“总纂”为“总理”，并批“只可称总理，则名副其实”。“分纂：浙江举人候选知县林从炯”条下，“分纂”改为“总纂”，并有批注“宜入总纂，一人一手，非总而何？”另一分纂“直隶副榜候选教谕牛昌箓”条前加“分纂无人”，且有“牛公于修志之前以为海守沽名钓誉，嗣分八门，无一字用处，列之分纂，愧乎？”

三、编纂过程、体例

在编纂过程中，林从炯认为此志最难修者，“惟建置沿革一门”，因为承德地居边塞，幅员辽阔，历史兴废沿革，名号不同，地舆错壤，援古证今，太难分晰。“周围七千余里，在周为山戎地，在汉为匈奴地，后汉为乌桓、鲜卑地，晋为鲜卑□□□宇文氏地，隋唐为库（音舍，非库字）莫奚地，十六国□秋为慕容皝前燕、慕容垂后燕、冯跋北燕地，北魏为安州及契丹地，辽为中京道，金为北京路，元为上都路、大宁路，明则废为诺音、泰宁、福余三卫地，至本朝圣祖平宰赛、察罕诸蕃始内属，雍正三年设热河厅（乾隆四十三年改名承德府），设喀喇河屯厅（乾隆四十三年改名滦平县），设四旗厅（乾隆四十三年改名丰宁县），设八沟厅（乾隆四十三年改名平泉州），设乌兰哈达厅（四十三年改名赤峰县），设塔子沟厅（四十三年改名建昌州），设三座塔厅（四十三年改名朝阳县），凡所谓喀喇乌兰者，皆仍蒙古名，至乾隆年间始改汉名。其地幅员辽阔，历代兴废沿革如前后燕都龙城，辽起临潢，金元定鼎北京，以口外为陪京，皆在今承德府属之朝阳县地，逼近辽东（今盛京锦州府地）。”（道光七年十一月廿六日《谕朋儿书》）

所幸有乾隆年间的《钦定热河志》考订详明，且行箧中带廿三史及道光四年新校刊《辽金元三史语解》，并有宋曾公亮《武经总要》，王曾《上契丹十事》，富弼《行程录》，明顾祖禹《读史方舆纪要》，乐史《太平寰宇记》，郦道元《水经注》，明叶向高《朵颜三卫考》等书籍可以借鉴、参考。林从炯在十五日之内已为厘证两卷，就近交与太夫子热河都统英和呈正，深为许可。写定建置之后，而“山川古迹、疆域形胜、职官人物、户口田赋、艺文各类势如破竹矣”。

道光七年冬，林从炯曾回京师处理补国史馆誊录之事，事毕又于除夕前一日赶回热河，继续编纂府志，至道光八年四月已完成四十八卷，占全稿“十之七八”，并打算于五月底完成草稿。未完成的书稿，因在承德查找书籍不便，打算到京借书补充完成。林从炯在道光八年四月初五日《谕朋儿书》中写道：“志书凡二十八门四十八卷，皆予一人草创。”

在撰写体例上，“仿康对山《武功志》、朱竹垞老人《日下旧闻》为之，所引之书还以著者姓名，援据已博，共采书二百余种，有辨证者加以一案，书成大有可观”。又因对牛昌棨编纂成果的极大不满，林从炯加以重订，拟于道光八年底完成，共得三十二门五十六卷。

林从炯对《承德府志》的编纂极为满意，虽然辛苦，但能完成一部名书，“十三年留京得此，聊以解嘲，亦殊慰”（《谕朋儿书》）。“幸书成大有可观，斯则不负十三年之留京耳”（上父亲禀）。随后因父亲去世，林从炯旋里守制，《承德府志》经当事者略加润色，扩充至八十六卷，卷首，分诏谕、天章、巡典、山庄、行宫、围场六门共二十六卷；正文，分图说、晷度、建置、疆域、关隘、桥梁、公署、学校、坛庙、山川、寺观、古迹、冢墓、田赋、蠲恤、兵防、蕃卫、风土、物产、职官、名宦、选举、人物、列女、纪事、外纪、艺文、杂志二十八门共六十卷。缮写誊抄，仅厕林从炯名于分纂之列。于道光九年十二月由热河都统成格上奏：“为知府创修郡志告成，缮写正本，恭呈御览事：窃照热河地方山川淳美，风俗恬熙，仙御宏开，则林泉生色，属车至止，则士庶观光在锤峰濡水之间，俨然都会抑芹藻鸾旗之盛展也。人文溯自高宗纯皇帝《钦定热河全志》，昭回云汉，炳焕丝纶，惟谟烈丕承，实隆古不磨之典，而嫏嬛储祕，非下民能见之书。该承德府知府海忠守土于兹，勉求治理，建书院以育多士，设义学以养童蒙，思振醇风，丕扬雅化，顾念輶轩未贡，阙略滋多，用是访紫塞川原，遍征文献，抚黄图郡县，旁采风谣，节次编摩，登之载乘，敢望酉山之同贮，先希乙览之荣邀……再该府海忠捐廉创修郡志，独力承办完竣，可否量予鼓励之处，出自天恩，臣谨会同直隶总督臣那彦成，顺天学政臣沈维鐈恭折具奏，伏乞皇上圣鉴训示。谨奏。”（《承德府志》）奏折上只言“海忠捐廉创修郡志，独力承办完竣”，未言林从炯草创之功，十二月二十一日道光皇帝下谕内阁对海忠奖励。

道光十年，林从炯服阕满回京，得悉成格上奏时“不将余奏请优议”，引以为恨。道光十一年五月初六日林从炯《谕朋儿书》中云：“《热河志乘》开雕已竣，大属可观。曾于道光九年十二月经成果亭都统进呈，并请鼓励，而承德太守海靖堂先生奉旨交部议叙，尔时不将余奏请优议，殊为可恨！”于是写信请求曾同在热河任职的陆元烺帮助，陆元烺复信云：“承委云云，已向海观察谆谆致托，此书费心一载有余，今已刊刻完竣，奏请议叙，亦属情理当然，想海观察素日情长，自无不竭力说项也。”然从之后的信息得知，此次请求并没有什么效果。

于是林从炯有将来重刻的想法，“得□□□□□老师手编，付余者取科名，法不外乎此，当珍藏而玩之，将来余将重刻以传也”（《谕朋儿书》）。遗憾的是道光十五年，林从炯因病于北京去世，此心愿再也无法得以实现。

四、结语

根据林从炯的家书、友人来信以及林从炯题记等资料，《承德府志》由林从炯一手纂定，创于道光七年冬十月，至八年十一月副本告成，初为三十二门五十六卷，副本完成后，由当局编排缮写，扩充为三十四门八十六卷。体例上仿康海《武功县志》和朱彝尊《日下旧闻》。海忠总理此事，而总纂为林从炯，才名副其实。

南戏研究与『温州学』

◎ 俞为民

作为建立一门研究地域性文化的学科，其研究对象即该地域文化中，必须具有深厚的历史文化内涵，而南戏应该也是支撑“温州学”这门新学科的一个重要的历史文化内涵。对于南戏在“温州学”中所占居的这一地位，我们可以从两个方面来认识：一方面，是戏曲这种艺术形式在地域文化中所有的特殊地位。戏曲不同于诗文，诗文的作者为文人，其读者也为文人，因此，诗文作品具有全域性的特征。而戏曲形成于民间，在形成以后的流传过程中，也主要是在民间。其观众主要是下层老百姓，戏曲艺人为了迎合各地观众不同的审美情趣，在表演形式及表演内容上，总是要将当地的语言习惯、地方小调、民情风俗等融入其中，因此，无论是其产生，还是在流传过程中，都带有浓厚的地域色彩。如戏曲唱腔就是以地方命名的，又如戏曲所反映的内容，也总是与当地的民情风俗有关。正因为戏曲具有明显的地域性特征，故在一些研究地域性文化的学科中，戏曲都占有重要的地位，如徽学，明代的青阳腔和清代的徽班都是徽学历史文化内涵的重要组成部分；又如潮州学中的潮剧研究，“泉州学”中的南音与泉州南戏研究等，皆是把戏曲作为地域文化研究的重要内容与该学科的重要组成部分。而且，戏曲在该地域性文化学科中所占的比重愈多，该学科的文化底蕴也就愈厚重。而南戏具有悠久的历史渊源，沉淀了丰厚的地域文化遗产，这也就体现了“温州学”所具有的厚重的历史文化内涵。

另一方面，是南戏在中国古代文化史上和戏曲史上所处的地位，南戏不仅是我国古代戏曲史上第一种成熟的戏曲形式，而且它对后世的戏曲形式产生了直接或间接的作用。南戏在北宋中叶形成以后，虽然自从元末文人学士的参与，南戏在流传过程中发生了分流与变异，即分为民间南戏与文人南戏两路，但一直在流传，如明清两代的传奇，就是南戏的直接流传形式，清代中叶以后兴起的花部，也多是南戏在民间流传的一路的变异形式。直至今天尚在流传的许多地方戏，也都与南戏有着直接或间接的渊源关系。南戏所创立的剧本形式、角色体制、音乐结构、写意性的表演形式等，都奠定了中国戏曲的基本形态。正是由于南戏在中国古代文化史上和戏曲史上具有这样重要的地位，因此，它能够成为“温州学”的重要组成部分。

有关南戏的研究，早已成为学术界的一个重要课题。自从上世纪国学大师王国维的《宋元戏曲史》翻开了南戏研究的新篇章后，在将近一个世纪里，出现了一大批南戏研究的专著，取得了丰硕的成果。建立“温州学”以后，就可以将南戏研究融入“温州学”之中，这样，通过对南戏的研究，既丰富了“温州学”研究的内容，同时，对南戏研究来说，也因为有了“温州学”作为依托，可以加强研究的深度与广度，如通过对宋代温州的人文环境的考察与研究，可以深入探讨南戏在温州形成的原因及其形成机制。又如南戏为何采用了生、旦并重的角色体制、敷演的又多是男女婚姻故事？这些问题在以往的南戏研究中尚未有较全面深入的论述，而如果将这些问题放在整个“温州学”中来研究，一定能有更深入、更全面的认识。因此，南戏研究与温州学的关系，从研究的范围来说，两者具有从属关系，即南戏研究从属于“温州学”，而从研究的内容来说，由于南戏是构成“温州学”的重要内容，故两者又是相互依存、相互促进的。

谢客去后的永嘉山水

——谢灵运山水诗风及其在温州诗风中的传承

◎ 钱志熙

一、“郡有名山水”：谢灵运的山水之游

公元四二二年至四二三年，谢灵运在“郡有名山水”永嘉创作了奠定中国古代山水诗传统的一批诗歌。对此，《宋书·谢灵运传》中是这样叙述的：

少帝即位，权在大臣，灵运构扇异同，非毁执政，司徒徐羡之等患之，出为永嘉太守。郡有名山水，灵运素所爱好。出守既不得志，遂肆意游遨，遍历诸县。动踰旬朔，民间听讼，不复关怀。所至辄为诗咏，以致其意。

我们知道，中国古代的正史，主要是叙述政治及军事等活动的，关于文学，其实是叙述得很少的。但《谢灵运传》中却多次叙述到他的山水之游及山水诗的创作，除了永嘉之外，他在始宁、临川的山水事迹，也都有记载。史传这样重视谢灵运山水之游与山水诗，一是因为此事反映了谢灵运的一种性格，而且他的山水之游带有政治失意的寄托性质。二是山水之游，从东晋以来，就是一种名士行为。这种风气，谢氏具有引领的性质，他的远祖谢鲲，就以“一丘一壑”（《世说新语》）来抗衡庾亮的廊庙之器。他的叔曾祖谢安的东山之游，也是士林流传的雅事；而他始宁别业，正是其祖谢玄在淝水之战后，随着谢安的去世，谢氏家族退出门阀政治的轴心之后经始山水的成果（田余庆《东晋门阀政治》）。除了本家之外，实际上是谢灵运的外曾祖父的王羲之，也是热衷于山水之游。但比起这些祖先，谢灵运的山水之游，其规模与游览的方式，都是特别引人注目的。三是因为谢灵运在山水之游中写作大量的山水诗，使得当时处于隐约状态的山水写作风气得以张大。可见，这篇《谢灵运传》中这样重视其山水之游及山水诗，实是因为其与政治、思想与文学有着很特殊的关系。

谢灵运作了两类诗歌，一类是乐府诗，一类就是我们熟悉的山

水诗。在乐府诗中，谢灵运的文学性格，完全是复古性质的。他的乐府诗从题目到题材都是跟着陆机等人，亦步亦趋的。但在景象物色的方面，比起前人来有明显的发展。这也预示着他后来在山水诗方面的成就。在山水诗创作方面，谢灵运的文学性格，则是很具创新性的。放弃了模拟的行为，而从事当前的景物与情感的表现，从而走上一种极具创新性的创作活动，是谢灵运成为中国古代大诗人的决定性的一步。但他好像是自然而然地走上这个道路。我在相关的著作中有所分析，我们这里就不展开讨论。他在山水诗上之所以有创造，一是因为他的山水之游，不仅是一种自觉的山水审美的行为，而且也是一种情感行为。这个创作是符合诗言志、诗抒情的规律的。二是我们说山水描写，或者说山水诗这个品种，在当时还处于始形状态，不像乐府那样有一个强大的传统，所以反而容易生长。

二、“大谢体”：谢灵运的山水诗风格

谢灵运与南齐诗人谢朓，称“大小谢”。他的山水诗，文学史上习惯称为“大谢体”。中国山水诗及诗歌景物描写的基本元素，是谢灵运以及与他同时的颜延之、鲍照所开创的。这个基本元素，或者可以说是专注于山水及景物本身。刘勰在《文心雕龙·明诗》中有这样一段话：

宋初文咏，体有因革，庄老告退，而山水方滋，俪采百字之偶，争价一句之奇，情必极貌以写物；辞必穷力而追新，此近世之所竞也。

在《文心雕龙·物色》中，刘勰又有这样的描写：

自近代以来，文贵形似，窥情风景之上，钻貌草木之中。吟咏所发，志惟深远；体物为妙，功在密附。故巧言切状，如印印泥，不加雕削，而曲写毫芥。故能瞻物而见貌，即字而知时也。

刘勰在形容上述风格时，谢灵运的诗赋，都是其主要的概括对象。

但是这种“形似”“钻貌”“体物”“密附”“切状”的作风，即专注于景物本身的作风，到了齐梁时代谢朓、何逊、阴铿及庾信这些人的创作中，有很大的发展。他们一方面继承谢灵运等的体物写景的作风，同时更注重一种融情入景的做法。比如在何逊、阴铿的诗中，山水景物并非诗歌表现的全部对象，而是作为烘托环境、引发情思的一种元素，起一种全诗中画龙点睛的作用。后来经过唐代诗人发展，情景交融、情思与景物相映发，成为中国诗歌的主要写法。而在景物表现的效果上，也注重空灵、立体的效果。于是回过头来看，谢灵运的山水诗作风，就成为一种古朴的风格。这也是所谓“大谢体”的内涵。

但是，在诗歌史上，谢灵运的山水诗风格，并非过时，而是始终作为一种山水诗的经典在起作用。唐代诗人王孟、李杜及柳宗元等人，都深受谢灵运影响。李白对其推崇尤高，称为“谢公”。具体到“大谢体”，诗歌史学习者一直不断。

三、谢灵运之后南朝名士与永嘉山水

南朝时代，自谢灵运之后，还有多名士族文人在永嘉郡内宦游或栖隐。谢灵运作郡永嘉四五年之后，在文学上与他齐名的颜延之也曾出守永嘉。但颜延之没有留下相关的山水之作。颜延之曾否到任，至少史传的叙述上是给人疑问的。但根据温州文史的传承，颜延之曾游古称青岙的洞头大门岛，建有望海楼。中唐诗人张又新的《青岙山》一诗即咏此事：“灵海泓澄匝碧空，昔贤心赏已成空。今朝亭馆无遗制，积水沧浪一望中。”说明颜延之建望海楼，是唐代温州的一处文化古迹。可证延之出永嘉太守，是到任了的。

南朝诗人在创作上明显地追效谢灵运永嘉山水诗的是丘迟。丘迟在梁天监三年，出任永嘉太守。“在郡不称职，为有司所纠，高祖（梁武帝）爱其才，寝其奏。”[1] 游过当时属于永嘉郡的青田石门洞，留

[1] 《梁书》卷四十九《文学·丘迟》。

有诗作。其《旦发渔浦潭诗》《夜发密岩口诗》两诗，是由建康赴永嘉途中经富春江所作。诗风也是沿袭大谢一派的写法：

渔潭雾未开，赤亭风已飏。棹歌发中流，鸣鞞响沓障。
村童忽相聚，野老时一望。诡怪石异象，崭绝峰殊状。
森森荒树齐，析析寒沙涨。藤垂岛易陟，崖倾屿难傍。
信是永幽栖，岂徒暂清旷。坐啸昔有委，卧治今可尚。

（《旦发渔浦潭诗》）

弭棹才假寐，击汰已争先。敞朗朝霞澈，惊明晓魄悬。
万寻仰危石，百丈窥重泉。丛枝上点点，崩溜下填填。

（《夜发密严口诗》）

谢灵运有《富春渚诗》，是其赴永嘉途经所作。丘迟这两首诗正是追仿大谢之作，“藤垂岛易陟，崖倾屿难傍”纯为大谢句法，结尾抒发作郡永嘉的失意情绪，欲追循古人无为而事的“卧治”风格，委之以“坐啸”之风。他后来果然“在郡不治事，为有司所纠”。但违反了朝廷治民的律纪，不等于不利于治下之民。从谢灵运到颜延之，再到丘迟等人，他们作郡永嘉多是受到政治上的排挤，所以其治郡风格也都是崇尚无为。可能南朝时代永嘉郡守，在治郡风格上多崇尚名士风流，也有一种传承性。而谢灵运无疑是这种风格的先导者。丘迟这两首诗写景模象生新，更过于谢客，直开后来孟浩然等人五古山水诗的风格。

齐梁之际的陶弘景曾经隐居永嘉郡内的今永嘉楠溪、瑞安陶山一带。其著名的山水小品《答谢中书》中有“实是欲界之仙都。自康乐以来，未复有能与其奇者”。有学者认为所写的即是谢灵运曾游的永嘉山水[1]。不过其他地方的志书中，也有类似的说法。又《隋书·经籍志四》载有“齐永嘉太守《江山图集》十卷”，江山图当

[1] 王京州《〈陶弘景答谢中书书〉创作背景考》，《温州大学学报》2006年第4期。

即齐永嘉太守之名，其集十卷，或有有关于永嘉山水的文字。可惜没有留下来。

由上述事迹可见，南朝时代继谢灵运之后相继来到永嘉的士族官僚与道教人士，也曾从事过寻幽探异的山水游览活动与山水文学的创作。可以说，谢灵运的创作，在永嘉郡内确立了一种山水游览与诗歌创作的传统。

四、唐代有关温州诗歌中咏谢主题

如果说南朝诗人的传承谢诗，主要复制谢客作郡永嘉的山水活动行为；唐代诗人对谢灵运的传承，主要表现对谢灵运作郡永嘉事迹的追忆与咏怀，将其作为重要的事典来使用，那么可以说从南朝的学谢为主，转化为唐代的咏谢为主。

（一）李白、杜甫的永嘉想象

首先开创历代温州诗歌中咏谢之风的，正是盛唐的两位大诗人李白与杜甫。李白在《与周生宴青溪玉镜潭》的长篇歌行中曾咏永嘉山水：

康乐上官去，永嘉游石门。江亭有孤屿，千载迹犹存。
我来憩秋浦，三入桃陂源。千峰照积雪，万壑尽啼猿。
兴与谢公合，文因周子论。[1]

李白没有游过石门，后来徐照《石门瀑布》就直接说："一派从天落，曾经李白看。"诗人吟，当然是可以这样说的。李白还有《送王屋山人魏万还王屋》一诗，叙述王屋山人魏万从嵩岳东浮汴水，沿吴越相访李白而后还山的经历，其中写到魏万游历永嘉之事：

[1] 《李白全集校注汇释集评》第十八卷，百花文艺出版社 1996 年版，第七册第 2871 页。原校记："咸本题作《秋浦与周生宴清溪玉镜潭》。"又《弘治温州府志》卷二十二"词翰四题作《与周生宴清溪玉镜潭》"，仅录歌行的前四句。

天台连四明，日入向国清。五峰转月色，百里行松声。
灵溪咨沿越，华顶殊超忽。石梁横青天，侧足履半月。
忽然思永嘉，不惮海路赊。挂席历海峤，回瞻赤城霞。
赤城渐微没，孤屿前峣兀。水续万古流，亭空千霜月。
缙云川谷难，石门最可观。瀑布挂北斗，莫穷此水端。
喷壁洒素雪，空濛生昼寒。却思恶溪去，宁惧恶溪恶。
咆哮七十滩，水石相喷薄。路创李北海，岩开谢康乐。

魏万是李白的崇拜者。他先游会稽，再游天台、四明一带。最后因思谢客曾游的永嘉山水，不惮海客之远，由台州渡海入温州，登上孤屿。可惜没有留卜诗句，但是却引发了李白对永嘉的吟咏。李白对永嘉当然完全是想象。他说魏万游天台后，“不惮海路赊”。在今天的情况来说，从天台到温州，陆路很近。但魏万从天台到永嘉，还有稍早些的孟浩然从绍兴到宁波到永嘉，都是走海路的。李白诗中是这样想象魏万从天台到永嘉的，他说魏万挂帆经过称为温峤岭的海峤，回头再看天台山即赤城的霞色。东晋诗人孙绰的《天台山赋》有“赤城霞起以建标”的名句。他说赤城渐渐看不到了，接着就是孤屿出现了。接下来“水续万古流，亭空千霜月”，是写孤屿的，其实是怀念他敬仰的诗人谢灵运的。他说江中的水永远地流，谢灵运建的亭也还在，但却人已去，亭子经千霜。从几句诗，以及上面的“康乐游石门”都可以看出，李白对谢灵运的确是极为敬仰的。

无独有偶，杜甫也曾送友人来永嘉做官，展开了对永嘉和孤屿的想象。天宝中，杜甫的朋友裴虬赴任永嘉县尉，杜甫作有《送裴虬尉永嘉》:

孤屿亭何处？天涯水气中。故人官就此，绝境与谁同？
隐吏寻梅福，游山忆谢公。扁舟吾已僦，把钓待秋风。

《杜诗详注》:“天宝十一载，公献《三大礼赋》，委官试文，但送司参选。其《赠集贤学士》诗云:‘故山多药物，胜概忆桃源’，盖有南游之志矣，与此诗扁舟之说相合。梁氏编在十三载，或相近。”[1]可见这是天宝十三年（754）写的。第二年，安史之乱就爆发了。也许不发生这场安史之乱，时世太平，李杜有可能都会来温州游览吧！

李、杜两家有关温州的描写，其发想的主要情节都是谢灵运的永嘉之游。因为谢灵运，永嘉成为诗人心目中的山水名区。而谢灵运的永嘉之游，几乎成了地域外部作者表现温州的基本想象，或者说是有关永嘉主题诗的母题。那些没有到过温州却因为送别、寄远而涉及温州这个主题的诗人，几乎无一例外地以永嘉与谢客为主要的意象。在未曾到过其地的域外文人来看，谢灵运的永嘉之游，几乎就代表了温州文化的全部，这在某种意义上也反映了温州在唐代仍处于偏远的地带，人们对它所知甚少。李、杜虽然没有到过永嘉，但都曾通过谢灵运想象过永嘉山水之游，由于他们的特殊地位，其有关永嘉山水之咏，对唐代温州地区的域外影响的扩大，应该是起到积极作用的。

（二）张子容、孟浩然等家的永嘉吟咏

开元中，诗人张子容任温州乐成县尉，有《永嘉作》一诗：

拙宦从江左，投荒更海边。山将孤屿近，水共恶溪连。
地湿梅多雨，潭蒸竹起烟。未应悲晚发，炎瘴苦华年。

张子容还有《永嘉即事寄赣县袁少府瓘》：

山绕楼台出，溪通里闬斜。曾为谢客郡，多有逐臣家。
海气朝成雨，江天晚作霞。题诗报贾谊，此湿似长沙。

其间诗人孟浩然自台州渡海来温州，与张子容在永嘉上浦馆会见，也作有《永嘉上浦馆逢张八子容》一诗：

[1] 《杜诗详注》卷三，中华书局1979年版，第一册第201页。

逆旅相逢处，江村日暮时。众山遥对酒，孤屿共题诗。
廨宇邻鲛室，人烟接岛夷。乡园万余里，失路一相悲。

可以想象，两位襄阳旧友在温州相遇时，谢灵运会是他们谈论的主要话题之一。从张子容在温州写的一些诗中，我们可以看到谢灵运模山范水风格的某些影响：

窜谪边穷海，川原近恶溪。有时闻虎啸，无夜不猿啼。
地暖花长发，岩高日易低。故乡可忆处，遥指斗牛西。
（《贬乐城尉日作》）

无云天欲暮，轻鹢大江清。归路烟中远，回舟月下行。
傍潭窥竹暗，出屿见沙明。更值微风起，乘流丝管声。
（《泛永嘉日暮回舟》）

西行碍浅石，北转入溪桥。树色烟轻重，湖光风动摇。
百花乱飞雪，万岭叠青霄。猿挂临潭筱，鸥迎出浦桡。
惟应心赏客，兹路不言遥。
（《自乐城赴永嘉枉路泛白湖寄松阳李少府》）

从这里我们可以看到，唐代诗人游览温州山水，重寻谢客游踪是重要的动机之一。谢灵运吟咏过的“孤屿”，因为靠近郡城，又为唐时海路入温的门户之地，所以诗人吟咏最多。

唐代诗人送人游温，或寄赠在温的诗人，总是将谢灵运作为主要的故事来使用。如朱庆余也有《送僧游温州》：

夏满随所适，江湖非系缘。卷经离峤寺，隔苇上秋船。
水落无风夜，猿啼欲雨天。石门期独往，谢守有遗篇。

朱庆余为闽中人，宝历二年进士。此诗或是诗人在闽中时送僧游温州之作。

司空图《寄永嘉崔道融》:

旅寓虽难定，乘闲是胜游。碧云萧氏寺，红树谢村秋。
戍鼓和潮暗，船灯照岛幽。诗家多滞此，风景似相留。

崔道融为晚唐诗人，荆南人。因避黄巢之乱栖居温州，后受当地朱褒、朱诞兄弟割据政权之聘，曾任永嘉县令、静海军判官等官。

总之，咏永嘉山水诗常常同时咏谢。这可以说从唐诗以后，温州诗歌的一个特点。

五、唐代温州的大谢体诗

虽然谢灵运在唐代诗人的心目中，是温州文化的基本标志，在唐代有关温州的诗歌中，也到处可见谢诗的影响，但是真正追仿谢客寻幽探胜，大量创作谢客体山水诗的事实，却没有在唐代的温州出现。这当然与诗风的整体转变有关系，或许也与唐代温州本土没有形成足够数量的诗人群有关。然而，在唐代题咏温州景物的诗歌中，仍有一部分是直接学习大谢体的。天宝中曾任诸暨令的郭密之使永嘉，作有仿大谢体的五古两首，一为《永嘉经谢公石门山作》:

绵境经耳目，未尝旷跻登。一窥石门险，再涤心神懵。
洞壑閟金涧，欹崖盘石楞。阴潭下幂幂，秀岭上层层。
千丈瀑流蹇，半溪风雨絙。兴余志每惬，心远道自弘。
乘轺广储峙，祇命愧才能。辍棹周气象，扪条历骞崩。
忽如生羽翼，恍若将起腾。谢客今已矣，我来谁与朋。

一为《永嘉怀古》:

永嘉东南尽，倚棹皆可究。帆引沧海风，舟沿缙云溜。
群山何隐磷，万物更森修。地气冬转暄，暝氛阴改昼。
缅怀谢康乐，伊昔兹为寿。逸兴满云林，清词冠宇宙。

尝游石门里，胜践宛如旧。峭壁苔藓浓，悬崖风雨骤。
岩限余灌莽，壁畔空泉甃。物是人已非，瑶潭凄独漱。

郭密之存诗只此两首，但这两首诗追缅谢客，虽不及谢诗之森秀切至，但词秀调雅，在唐诗中应属佳作。其中所表现的对谢客游踪的深长的缅怀，正是唐代温州诗的一个基本主题。

贞元年间温州刺史路应等人的仙岩瀑布唱和诗，是中唐时期温州郡内比较重要的一次诗歌创作活动。路应任温州刺史，见之于有关资料的有皎然的《寄路温州》，诗云："欲问采灵药，如何学无生。爱鹤颇似君，且非求仙情。"诗意大概是说，与其采药求仙，不如学取佛家的无生法忍，我之爱鹤，与君相似，但并非求仙之情。从诗中推想，这位路温州大概有一些道教方面的爱好，爱好寻山问道，性格与谢康乐相近。李缜与路应唱和的诗中，颇有飞升之想，且有"幽蹊创高躅，灵药余仙餐"之句。很可能当时路应曾将此次仙岩唱和诗寄给皎然，皎然的赠《寄路温州》即是作答之作，委婉地表达了他对路应在郡内寻山求仙的讽谏。路应等人仙岩瀑布唱和诗，最早见于赵明诚《金石录》的记载："《唐仙岩四瀑布诗》，路应等唱和，行书，贞元七年三月。"《弘治温州府志》卷八《名宦》："路应，贞元间出刺处州（虔州），寻移温州刺史，命民筑堤于乐成、横阳界中，二邑由是得上田，除水害，民咸德之。韩昌黎为撰《神道碑》。"《韩昌黎文集》卷六有《唐银青光禄大夫守左散骑常侍上柱国襄阳郡王平路公神道碑铭》一篇，记载路应家世与生平主要事迹。上述《弘治温州府志》叙其命民筑堤事，即见于韩文。韩碑没有涉及路应文学方面的情况，但从皎然寄诗、仙岩瀑布诗来看，路应在温州刺史任上，颇有吟咏风雅之事。路应等人的仙岩瀑布诗，用的是大谢体。

路应《仙岩四瀑布即事寄上秘书包监侍郎七兄吏部李侍郎十七兄婺州赵中丞处州齐谏议明州李郎十四韵》：

绝境久蒙蔽，芟萝方迨兹。樵苏尚未及，冠冕谁能知。
缘崖开径小，架木度空危。水激千雷发，珠联万贯垂。
阴晴状非一，昏旦势多奇。井识轩辕迹，坛余汉武基。

猿声响深洞，岩影倒澄池。想像虬龙去，依稀羽客随。
玩奇目岂倦，寻异神忘疲。干云松作盖，积翠薜成帷。
含意攀丹桂，凝情顾紫芝。芸香蔼芳气，冰镜彻圆规。
胥念沧波远，徒怀魏阙期。征黄应计日，莫鄙北山移。

李缜《奉和郎中游仙岩四瀑布寄包秘监李吏部赵婺州中丞齐处州谏议十四韵》：

符守分珪组，放情在丘峦。悠然造云族，忽尔登天坛。
求古理方赜，玩奇物不殚。晴光散崖壁，瑞气生芝兰。
中有四瀑水，奔流状千般。风云隐岩底，雨雪霏林端。
晶晶含古色，飕飕引晨寒。澄潭见猿饮，潜穴知龙盘。
坐憩苔石遍，仰窥杉桂攒。幽蹊创高躅，灵药余仙餐。
携赏喜康乐，示文惊建安。缥缃炳珠宝，中外贻同官。
末调亦何为，辄陪高唱难。嘶非御徒者，还得依门栏。

戴公怀《奉和郎中游仙山四瀑泉兼寄李吏部包秘监赵婺州齐处州》：

今日永嘉守，复追山水游。因寻莽苍野，遂得轩辕丘。
访古事难究，览新情屡周。溪垂绿筱暗，岩度白云幽。
过石奇不尽，出林香更浮。凭高拥虎节，搏险窥龙湫。
淙潭泻三四，奔腾千万秋。寒惊殷雷动，暑骇繁霜流。
沫溅群鸟外，光摇数峰头。丛崖散滴沥，近谷藏飕飗。
况此特形胜，自余非等俦。灵光掩五岳，仙气均十洲。
书以谢群彦，永将叙徽猷。当思共攀陟，东南看斗牛。

孟翔《奉和郎中游仙岩四瀑布兼寄李吏部、包秘监判官》：

昔人恣探讨，飞流称石门。安知郡城侧，别有神泉源。
疏凿意大禹，勤求闻轩辕。悠悠几千岁，翳荟群木繁。

奇状出蔽薆，胜概毕讨论。沿崖百丈落，奔注当空翻。
下如散雨足，上拟屯云根。变态凡几处，静神竟朝昏。
渴贤寄珠玉，受馥寻兰荪。萝茑罥紫绶，岩隈驻朱幡。
方思谢康乐，好事名空存。

仙岩在温州瑞安东北的大罗山之阳。据《增订注释全唐诗》卷八七八注，诗题中的秘书包监即包佶，贞元初任秘书监。吏部李侍郎即李纾，时任吏部侍郎。齐处州为齐抗，明州李九郎为李岑。婺州刺史赵中丞名字未详。我们从唐代温州郡内的诗歌创作来看，当时州、县官员的诗歌创作，常常是寄赠浙江、江西一带的邻近州县官员的。这可能是当时唐代东南一带的诗歌活动的一种常见形式，即在江南东道、江南西道中，州县长官利用他们职务上郡县间公文往来的交通渠道，形成了一种江南东、西道中诗筒传送的唱和风气。我们在对唐诗进行地域方式的研究时，这样的问题是值得注意的。上述江南东、西道中郡县官员的诗筒传送，当然也是促成唐代温州地域内外诗歌创作活动的机制之一。其次，这组唱和诗更重要的意义，是显示唐代温州郡内存在着具有诗歌创作能力的一个群体。与路应唱和的李缜、戴公怀、孟翔三人，姓名、籍贯均不详。他们应该是郡府的僚属或当地文士。这些诗歌不仅在风格上学习谢灵运的山水诗，诗中词语也多来自谢诗，而且多次点明这样活动是对谢客寻游的一种呼应。再次，体现了地域的文学经典在地域文学创作的深刻的影响。我们看现存的唐代温州地域内外的诗歌创作，主要是使用近体。只有前节的所引郭密之《永嘉经谢公石门山作》《永嘉怀古》与路应等人的仙岩四瀑布唱和诗是直接使用大谢体。路氏四人诗，杂用排律的体制。但从出现三平调之多，显然不是典型的排律，仍属五古之体。这也说明唐代人对于律与古，并不像后来明清诗家那样严格地区分。从郭密之、路应等人的模仿大谢体来看，可能在唐代温州地域内外的诗歌创作还存在着这样一个现象，即谢客山水诗虽然对郡内外有关温州主题的诗歌创作的普遍的影响，但是真正模拟大谢体，多非大家名家，而属一般的诗人。也许可以这么说，谢灵运山水对于一般的创作者来说，是他们在写作游览永嘉山水诗时的一种范本。尤其是谢客模山范水，对东南山稠水叠、涧壑深翠的台州式地貌的逼真再现，使每一个来到永嘉的作者，都产生很强的现场感。但是就唐代整体诗风来看，这种模山范水的作风，已经不属主流。所以上述诸人创作，多少是带拟古性质的。

晚唐诗人陈陶诗风倾向艳丽，但其《旅次铜山途中先寄温州韩使君》也是明显地表现出大谢体特点：

乱山沧海曲，中有横阳道。束马过铜梁，茗华坐堪老。
鸠鸣高崖裂，熊斗深树倒。绝壑无坤维，重林失苍昊。
跻攀寡俦侣，扶接念舆皁。俛仰慄嵌空，无因掇灵草。
梯[1]穷闻戍鼓，魂续闻丘祷。敞豁天地归，萦纡村落好。
悠悠思蒋径，扰扰愧商皓。驰想永嘉侯，应伤此怀抱。

铜山即福建福鼎，又作桐山。此诗是作者从福建往温州途中行经福鼎山岭间所作。

另一首《蒲门戍观海作》：

廓落溟涨晓，蒲门郁苍苍。登楼礼东君，旭日生扶桑。
毫厘见蓬瀛，含吐金银光。草木露未晞，蜃楼气若藏。
欲游蟠桃国，虑涉魑魅乡。徐市惑秦朝，何人在岩廊。
惜哉千童子，葬骨于眇茫。恭闻槎客言，东池接天潢。
即此聘牛女，曰祈长寿方。灵津水清浅，余亦慕修航。

蒲门戍在温州苍南。《苍南县志·大事记》：“唐末，蒲门已设戍。诗人陈陶（812—885）经过蒲门，有《蒲门戍观海诗》。”“梯穷闻戍鼓”，戍鼓，正是《旅次铜山途中先寄温州韩使君》所说的。可见此篇之后，过蒲门戍，即作观海诗。

[1] 一作睇。

从上述情况可见，在大谢体产生的温州郡内，学习大谢体的创作行为，还是比较容易发生的。

六、“永嘉太守例能诗”

对于任职温州刺史，而又爱好诗咏，唐人则习惯将其比之谢灵运。如陈陶《赠温州韩使君》：

康乐风流五百年，永嘉铃阁又登贤。
严城鼓动鱼惊海，华屋尊开月下天。
内史笔锋光案牍，鄢陵诗句满山川。
今来谁似韩家贵，越绝麾幢雁影连。

全诗以谢灵运比韩襄，亦是泛泛赞誉之笔，然称“鄢陵诗句满山川”，则韩氏在温任上，应有一些诗作。韩襄任温州刺史，《弘治温州府志·宦迹·令》记为太和九年。又如杜荀鹤有《寄温州朱尚书并呈军倅崔太博朱名褒》则以“小谢”能诗赞誉唐末割据温州的朱褒：

永嘉名郡昔推名，连属荀家弟与兄。教化静师龚北海，篇章高体谢宣城。山从海岸妆吟景，水自城根演政声。今日老输崔博士，不妨疏逸伴双旌。

朱褒，《全唐诗》第十一函第四册：“朱褒，永嘉人，善属诗文，值寇乱，据州。以同姓结好梁太祖，奏授温州刺史，静海军使。诗一首。”其诗题为《悼杨氏妓琴弦》：“魂归寥廓魄归泉，只住人间十五年。昨日施僧裙带上，断肠犹系琵琶弦。”这一首诗，可能是现存唐诗中能够确定的温州本土诗人写作的唯一一首诗。朱褒因为爱好文学，在与其兄朱诞据温期间，其政权周围应该是聚集了若干文学之士的。

中唐诗人张又新是“永嘉太守例能诗”的一个具体实例。他是唐代诗人中留存有关温州的诗作较多的一位。也是唐人作郡温州有意识地效仿谢灵运的典型代表。新旧《唐书》都未记载张又新为温州刺史之事。但《全唐文》卷七二一张又新的《煎茶水记》中自述“及刺永嘉，过桐庐江”，“及至永嘉，取仙岩瀑布用之”等语。《唐才子传》所说的贬远州刺史的“远州”，应该就是指温州。又赵嘏有《送张又新除温州》（见前）。从赵嘏的赠诗中，也可见张又新在时人的眼中，是一位喜欢吟赏风流的才子。诗的最后一联，也委婉地交代了又新此次刺，是被朝廷贬责的。南朝的永嘉郡与唐代的温州，因为地处偏远海外，常为朝廷处置逐臣之地。

《方舆胜览》卷九，记载又新为温州太守，“自孤屿以下赋三十五篇”。有关文献又记载又新曾为《永嘉百咏》。《全唐诗》载张又新诗十四首，另有三首都是一作崔护诗。所以可确定为又新之作者十四首，其中十二首是咏温州境内名胜的。《增订注释全唐诗》卷六四八张又新名下“新补”注者汤华泉又据张靖龙《唐五代佚诗辑考》补入有关温州郡内的四首，原辑自《永嘉县志》。“新补”最后有《周公庙》诗佚句一联，注者未注出处。

张又新广泛地游历永嘉郡城及各属县，写有诸多咏景物绝句，可以说自谢灵运之后最大规模的以永嘉山水风物为主题的诗歌创作。其中《行田诗》《谢池》《孤屿》《春草池》等诗，都是缅怀谢客游踪的作品。其《行田诗》一首，是呼应谢灵运《白石岩下径行田》一诗的，反映张又新追踪前人芳尘、欲为忧民的良吏的心情：

白石岩前湖水春，湖边旧境有新尘。
欲追谢守行田意，今古同忧是长人。

唐时乐清白石一带，湖水汪洋，风景优美，前引张子容《自乐城赴永嘉枉路泛白湖寄松阳李少府》诗，对其景物有生动的描写。又新此诗虽为绝句，但颇能写白石山下湖波荡漾。中唐李绅、白居易等人，多有悯农之作，又新追缅谢守行田，而发生“今古同忧是长人”的感叹，也可以说是上述悯农风气的影响。除了追寻谢客行迹之外，又新的《中界山》怀东晋时木榴山（今台州玉环，唐时属温州乐清）的居民旧址、《吹台山》寄丘迟与柳恽事、《郭公山》怀郭璞筑永嘉城事，《大罗山》咏越王旧迹、杨仆楼船事，可见其对永嘉郡内春秋以来的人文旧迹，有很广泛的搜寻。同时也说明在唐代温州郡内，这一类人文旧迹是一直在流传着的。另外，他的《华盖山》《百里芳》等诗，直接咏写郡城的名迹，且颇写市貌：

一岫陂陀凝绿草，千重虚翠透红霞。
愁来始上消归思，尽见江城数百家。（《华盖山》）

时清游骑南徂暑，正值荷花百里开。
民喜出行迎五马，全家知是使君来。（《百里芳》）

温州的城图第一次进入诗咏中，虽然在今天看来，是那样陋小。虽然张又新的永嘉郡内杂咏艺术上难称唐诗一流，但在反映地域文化上却有独特价值，可以说是典型的地域诗歌。这种情况，也说明了中晚唐时期诗歌题材的扩大，尤其是地域景物开始较多地进入近体诗中。这种情况可以说是后来盛行的地域景物诗的发端。从诗歌史的角度来看，张又新的永嘉吟咏，是对谢灵运永嘉山水诗创作的一个呼应。当然，他所用体制并非大谢体，却是中晚唐之际开始兴盛起来的绝句的组诗的创作方式。

七、宋元以来温州诗歌山水表现的成就以及谢灵运的继续影响

宋代是温州本土诗人群涌现、本土诗歌创作繁盛的时代。第一个在诗歌创作方面比较突出表现山水的是《横塘集》的作者许景衡。许景衡有《谢公岩》一诗，致敬谢灵运：

出守虽云远，登临不厌频。五言多好句，千载独斯人。
风月楼长好，池塘草自春。超然高世志，遗像日埃尘。

此诗不同于那些泛泛地提到谢公的诗，表现出许氏对谢氏较深的了解。如强调其好游，并认为其中有高世之志。尤其是称赞其五

言诗千载独绝，可以说共鸣是比较深的。许氏之作，最好的也是五古与五律。他诗歌中有好多表现温州山海之美的句子，如“登临属秋半，摇落江山迴。独鸟点晴空，夕阳乱帆影”（《登清胜堂呈长兄》），“风苗翠浪翻，海屿青螺远”（《朱景文拉游净明寺因迓张宰诗》）。他受苏轼的影响，部分诗歌的山水表现追求雄奇的风格，如“火云涌晴空，矗矗尽奇巘”（《朱景文拉游净明寺因迓张宰诗》），“剑溪激流湍，狠石森戈殳。剑山皆壁立，小径千盘纡”（《白沙驿吊辛氏》）。许景衡五律诗，风格平和中见深厚。其佳作如《还自肃宁晚色可爱寄卢行之》：

送客关城外，回鞭驿路长。风烟无限好，簿领底能忙？
平野破寒木，红尘烘夕阳。新诗巧摹写，最忆幕中郎。

《过西岑泛湖而归呈左经臣》：

留连不觉久，萧寺足清风。短棹平湖里，孤城落照中。
朝廷尚多难，身世转飘蓬。安得言分散，清尊岂易同。

上述五律，都以劲炼见平淡之境。

与许景衡同时的刘安上，作诗尤重五言。薛嘉言《刘给谏行状》称刘安上：“公为文典重有法，尤工五言，晚更平淡，浑然天成，无斧斤迹。”刘诗五七言律写景属对，观察细致，安排妥帖，近于中晚唐体；磨镌物象，敛约情性，可视为四灵之先驱，如《独游竹阁》：

极目尽天际，风烟杳霭间。水光清滉日，野色远连山。
白鹿今何在，高僧此独闲。我今无伴侣，乘兴一跻攀。

《宿方潭》：

山中何所有，一味静难名。暗谷流泉响，疏林落叶声。
夜深寒月白，霜重晓钟清。早出松间路，衣裘空翠凝。

其余如五言如《赠释达夫》:“望余秋水远，定起暮山青。”

永嘉四灵对谢灵运的继承，最重要的是谢灵运那种热爱山水景物的感情。他们的诗中，也常常写到谢灵运。如徐照《题江心寺》:

两寺今为一，僧多外国人。流来天际水，截断世间尘。
鸦宿腥林径，龙归损塔轮。却疑成片石，曾坐谢公身。

诗人看到寺前一片石头，心想很可能那就是谢灵运坐过的。历史一下子接近了。四灵的诗，是以写景物为主的，“诗凭景物全”（徐照《舟中》）。其中体现了一种专注于山水景物的特点，可以说“入景很深”。这种审美的趣味，正是从谢灵运开始的。他们短篇五律，在写景方面，采用一种磨写的作风，“诗写唐体要人磨”（徐照《酬赠徐玑》），“磨诗终未稳”（徐玑《哭朱严伯》），“五字极难精，知君合有名。磨砻双鬓改，收拾一编成”（徐玑《书翁卷诗集后》）。他们所说的磨，有很大一部分属于磨镌景物。这种磨镌的作风，从渊源来看，也是正起于谢灵运。谢诗写景，有苍莽的，也有莹练的，最著名的就是“云日相晖映，空水共澄鲜”（《登江中孤屿》），又如“春晚绿野秀，岩高白云屯”（《入彭蠡湖口》）。四灵的诗句，如徐玑的“秋潮侵岸满，晓月带星疏”（《送徐照还旧山》），“江回风来急，山低月落迟”（《中川别舍弟》）。这两句诗的取景方式，让我们想起谢灵运的几句诗:“早闻夕飙急，晚见朝日暾。崖倾光难留，林深响易奔。”（《石门新营所住》）谢灵运是因为深谷高崖，所以夕飙来得很急，而太阳是出得很晚，又收得很快。“崖倾光难留，林深响易奔。”徐玑则是将风与月放在一起写，正对江面，所以风来得急，山比较低，所以月亮能够较长时间地停留。尽管徐玑在写这两句诗时，不一定想到谢灵运这几句。但是这种表现光景、风向的写法，却是谢灵运所开创的。其他如赵师秀的“瀑近春风湿，松多晓日青”（《桐柏观》），“高风吹作雨，低日射成虹”（《大龙湫》），也都是通过对光影、风色的描写来造成特殊的景象。

谢灵运山水诗，多喜欢说理，其理多涉方外之思，这种作风，

在四灵中也时有所见。我们看翁卷的《和陈待制秋日湖楼宴集篇》:

一夕鸣雨来，秋容变俄顷。湖山属初霁，风烟带微冷。
侍臣设芳筵，开楼玩澄景。怀我林下人，招携共观省。
碧草铺近洲，白云冒遥岭。依稀兰杜香，仿佛潇湘净。
抚化篇忽成，达生累全屏。即是造物游，何必神仙境。

这首诗，是带有大谢体的特点的。一是叙事周备，来历分明。二是其写景如“碧草铺近洲，白云冒遥岭”，不仅画写的方法近于谢灵运，而且与灵运的名句“白云抱幽石，绿篠媚清涟”(《过始宁墅》)，写景的方式有所借鉴。三是最后四句的对境说理，是典型的谢灵运的写法。

翁卷的《登飞霞山作》也是典型的大谢体做法:

局居厌纷丛，荡志寻岖嵚。拂衣出城隅，杖策循湖阴。
何年彼真仙，遗宫寄幽岑。连树窈蒙密，灵洞疑虚沉。
攀条承藓飙，立石弄澄深。眺眯增殊欢，超忽涓烦襟。
美人逝云远，青草畴与吟？感昔兴重嗟，会意良在今。
山公悦崇资，嵇氏陶清音。保真道无违，逐欲情易淫。
顾乏安期资，华鬓能不侵？虽非尚子贤，傥遂毕娶心。

这首诗，明显地受到《登永嘉绿嶂山》《登上戍石鼓山》的影响。开篇的厌烦局促，荡志寻山的情调，是典型的谢灵运诗的表达。中间寻幽索异的描写和临结尾谈论性理的说理的方式，都是大谢式的。又如其《思远客》“邈邈阻前欢，悠悠抱今戚”，也是灵运的句法。同时如赵师秀的《和陈水云湖庄韵》，也与大谢风格接近，如其中“时当新雨余，苍翠献林岭。既欣冲抱舒，复快远目骋”。

上述可见，永嘉四灵其实是受到谢灵运的很多影响的。

元代平阳诗人陈高、乐清李孝光，也都是以山水诗见长的，直接或间接受到谢灵运的影响。陈高的诗风，学陶比较明显，但在叙游览之情，写山水之景时，也依稀能见到谢灵运的影响。比如他的《晚归》:

西崦日初没，远树生夕阴。晚步草露湿，独归松径深。
尊中有浊醪，可以酌复斟。坐来窗牖白，佳月出东林。
幽情寄觞咏，适意忘华簪。自得闲居理，宁忧外患侵。

他这类诗，也可以说是陶谢体。

李孝光才力富健，堪称大家。他的诗风，清新、雄健相间，作风近于李白。他没有专学谢灵运，但谢诗应该是其山水作品的重要的渊源。如《九月一日李晋仲张子长张仲举蔡行之载酒西湖是日会者凡九人分韵得采字》:

积水生秋阴，旭日动晨彩。始忻天宇旷，稍见川容改。
骑童屡见招，舟子亦相待，菱荷纷菲菲，葭苇青漼漼。
浮鸟或上下，游儵自行队。山冈西北骛，江水东南汇。
群贤聚城邑，三载隔江海，长怀远缯缴，至性同蕙茝。
升高露未晞，山谷日犹在。幽期谅难违，黄菊行可采。

这首诗，受《石壁精舍还湖中作》的影响较多，如首两句，受到“昏旦变气候，山水含清晖”的启发，“菱荷”两句，让人想到“芰荷迭映蔚，蒲稗相因依”，“升高”两句，脱胎于“出谷日尚早，入舟阳已微”。李孝光描写雁荡山等山水的繁复、雄奇的作风，以及其山水表现的奇境、秘境，溯其渊源，也可以说出于谢灵运、李白等家。

明代后期的何白（1562—1642），是继林景熙、李孝光之后温州诗史上的又一位奇才。他的诗风，主要是学习李白的。但他博取众家，谢灵运的山水诗也是其重要的取法对象。他雁荡山纪游的五古诸作，多学谢灵运风格，用谢诗语也不少。其中有些作品，是属于大谢体的，如《同似庵禅伯寻净名废寺故址，地有水深帘谷、初月洞之胜》:

双林久寂蔑，风泉閟灵迹。灵迹能娱人，屡枉紫烟客。
开士迈前征，披榛理晨策，故术偃崩梁，新蹊拥危石。

冷泠灌木吟，滮滮清流激。寒芜立宝幢，遗基卧瓴甋。
陵缅既以深，忘疲亦云适。断峡束长天，轻霄覆青壁。
崖崿限驰辉，光倾景先夕。阴洞挹飞泉，澄潭漱灵淮。
水碧信可搴，琼蕊纷堪摘。心契神已超，目尽意难极。
感往结深情，即事交欣戚。行当复来兹，一振东林席。

此诗是写山景，基本结构借鉴了《石壁精舍还湖中作》，开头采用“昏旦变气候，山水含清晖。清晖能娱人，游子憺忘归”的句法。中段写山景繁复，与谢诗之主要写湖景不同。后面“心契神已超”四句，也是典型的谢氏句法，且“心契”两句，略仿谢氏的“虑澹物自轻，意惬理无违”。又如《同吴翁晋、邵少文自灵岩道中至响岩》：

崇巘积残雨，霁氛翳玄阴。爽气协真想，惠风写灵襟。
群峭递隐见，晨曦荡阳林。合沓两崖辟，路窅青溪深。
岩倾响易发，云扃纳虚音。啸侣应啼猿，呼雌答翔禽。
复嶂郁众籁，回飙薄萧森。高情岂孤赏，往迹欣同寻。
资此足嘉遁，达生多所钦。愿持乘日车，冀获静者心。

这首诗大谢式的摹景的写法，重视诸如光色、风气及地形面貌等的描写，如“群峭递隐见，晨曦荡阳林”，“复嶂郁众籁，回飙薄萧森”，其中如“岩倾响易发”，即变化于谢诗的“崖倾光难留”。结尾四句讲对此美好的山景，产生嘉遁的心理，并要学庄子的达生。最后还对山崖上的白日，发生一种乘日车的方外幻想。这种收尾，是典型的大谢式。

从上面我就谢灵运与温州历代诗歌的关系的初步探讨，已经能发现；一、谢灵运的确是温州诗风的开创者。二、谢灵运是温州诗歌史中最重要的元素之一。因为谢灵运的影响，温州的历史上山水诗特别发达。三、大谢体在温州诗坛上的传承最为长久。

我今天使用的题目《谢客去后的永嘉山水》虽然是带有印象性、抒情性的题目，但的确是我多年在思考的一个问题。我想，这个问题，也应该是温州学的一个课题，值得继续探讨。

温州古民居建筑的『理水』文化

◎丁俊清

人类衣、食、住、行四大需求之一的住宅，主要功能是抗风雨、避寒暑，这些自然要素的关键是水，处理好房子和这些要素的关系叫“理水”。古代中国是世界农耕文明中心，不与农业争地，节省用地是乡村建设的一个基本原则。而山系决定水系，水系决定耕地，这个问题最后也都可归结到一个“水”字。汉民族各地民系民居建筑的理水精神和技术基本上是一致的。而温州的用地和气候条件十分特殊，地域内又有很多风景区，这种条件孕化出来的民居建筑以鲜明的地域特征独步江南民居系列。

独特的用地和气候条件

温州土地构成七山二水一分田，境内三大山脉多呈西北向东南走向平行分布，地势西北高，东南低；冬季可以阻挡北方冷空气南下，春夏季使海洋来的东南季风深入内地，形成大范围的丰沛降水，地貌发育受到地壳运动、气候、水流的长期作用，形成了极具特色的狭陡溪谷流水地貌，树状山河水系系统。温州土地构成中的一分田，大部落在七山之中的陡峭峡谷、侵蚀剥落的山地、丘陵谷口平原中。

温州处于光、雨资源的高值区，日照充足，天气炎热，台风雨频繁并常常引起山洪或风暴潮，这是瓯地历史上出现频率最高、破坏程度最大的自然灾害。根据有关资料记载，自公元二九一年至一九一一年的一千六百来年时间里，由台风引发的暴雨共三十五次，平均四十六年一次，而土木建筑的寿命也就四五十年，就是说一幢民居从它的建成到淘汰过程中，都会受到特大洪灾潮灾的生死考验。可见其理水，包括节约耕地，抗风雨、避旱灾、避水灾、驱潮湿、散闷热等要有何等的智慧。

温州古民居建筑的水文化特征

永嘉芙蓉村　温州古民居的外貌是光雨沐浴出来的，如阔叶树，枝叶扶苏，生意盎然（丁俊清摄）

（一）建筑形制上的水文化特征

“三间制”是我国古代“臣庶居室制度”规定的民间住宅基本单元，可是温州古代中小型民居以五间、七间为单元，多横向发展为九间、十一间、十三间的一字形长屋，十五间、十七间的也屡见不鲜。如瑞安江边某宅、永嘉上坳某宅、泰顺下洪某宅、永嘉箬岙某宅。大户则由它组成横向发展的大庭院、多院落大屋，如平阳顺溪陈氏大屋、青街池宅等。海滨平原为大进深（十四米以上）、前后廊、双分房大屋，如瑞安鹿木呈山坪卢宅等，这种房子有外墙面长、刚度大、强度强的基本特点，其抗风雨、采光、散热、除湿性能好，也是合理利用地形、最大限度节约耕地的最好形式。

（二）建筑造型上的理水精神

温州民居的造型特色为：举架轻盈、双曲屋面、底层设长檐廊，轻盈的大屋顶和檐廊立面上下呼应，形如“风衣披斗”，民间称为“畚斗楼”。往往在两侧加披屋，上下四面都开窗，都有檐，且出挑尺度大，檐与檐相交生出夸张的山尖，屋角头，加上各种山檐、窗檐、门檐和檐箱。整座屋的前后、上下、左右，众多的檐交错起伏，婀娜多姿，其抗风雨、避阳光直射、除湿散热功能可想而知。其形态是仿生的，如同一棵阳光下、风雨里的阔叶树，枝叶扶苏，生态盎然。

（三）梁架及外装修构件上的理水精神

双榀架，托梁式大内额：温州海滨大进深双分房大屋，因为进深太大（一般为十四至十六米），明间特宽（一般六米左右），办法是每一缝用两个五架梁屋架前后相接做出前后廊，两个五架梁间设屏风，分隔成前后厅，前厅用托架梁式大内额，即前金柱间置梁式大内额，两根五架梁置于内额上，这样明间便有四榀梁架，明间两边有落地柱，置于大内额上的二榀五架梁下无柱，扩大了空间尺度。

徽州胡适故居　江南民居，多数是高墙四合的

另外，在柱间的月梁下设置多道枋以起到各方向的拉结作用，再在明间正脊檩下方四十厘米高处装一根与脊檩平行的“梁峰牵”，增强左右两榀梁架的刚度。

骑廊轩，长坐凳，美人靠：有些滨海双分房大屋二楼多做成骑廊轩形式，于廊柱和步柱间筑轩，上廊柱后退，架在底层双步梁上，在外挑的空间上做出一条长长的坐凳美人靠，围墙上砌筑长长的镂空砖雕花窗，这条花窗福建叫“水车垛”，这两种构件除有气候上的适应性外，还蕴含着水的细长流动之美。

不等坡，长短坡，立帖架：温州楠溪江民居，泰顺民居多采用不等坡、长短坡、立帖架，这样使朝南的厅堂房间檐口高，窗面积大，有利于采光、日照、通风、散热等，朝北或后院的辅助用房低矮，可利用露明的草架空间搁置柴草杂物，梁上悬挂瓜果鱼肉。不等坡立帖架还有大材大用、小材小用的优点，把一些小料都用起来了，梁柱要修理时不必掀掉所有盖瓦，甚至于锯掉一段柱子都没问题。

左右升起，前后举架，双曲面屋顶：温州长立面、大进深住宅的屋顶，都采用左右升起，前后举架以及昂假、昂技术，使屋脊、檐口产生一条像农民的扁担一样微微翘起的曲线，从侧面看，前后两片屋面交接出一个舒展的“人”字，这种屋面不仅看上去轻薄舒展，最大的优点是具有滑风、导风、拉风作用，减轻台风的压力以及泻雨，使大面积冲下来的雨水取得加速度，檐口反卷上去使雨水冲得远一些落地。

（四）外装修材料和色彩上的水文化内涵

温州民居的外墙面多为卵石、粗石墙裙，木板墙身，多不施漆，保持材料原色。屋面用的小青瓦，是柴窑里用烟呛出来的，是木材的另一种形态——青烟色，都是原色，也可以认为是无色。那些砖砌外墙的房屋都用蛎灰砂浆粉刷。蛎灰砂浆是用海蛎、贝壳加石灰、水焚烧调制而成。温州沿海浅海里有一层海蛎、贝壳屋，海蛎、贝壳屋是海水泡出来的，是水色，也是无色。

温州农村街巷、地面、院子、墙裙、院篱都用溪涧里的蛮石铺筑砌成，这些方的、圆的、椭圆的、扁的蛮石，呈土黄色、褐色、青绿、灰白、柿红的、黑色的小石子，个个带着本色挤在一起，泛着水光，加上时间作用，人们在上面一脚一脚地踩出光泽、汗渍，给人一种水石同踪的美学感受。

瑞安潘岱砚下孙诒让故居　围墙上砌筑长长的镂空砖雕花窗，除有气候上的适应外，还蕴含着水的细长流动之美（丁俊清摄）

村落的地面、墙面、屋面和天之玄色（这里的“玄”是高空的深青色，气态水在天上凝结快要下雨时，天空变为玄色），地之黄褐色，羽化成天、地、村屋一色的环境色彩。这种天地村一色也就是水色。

水，是温州古人生活和价值观的核心

史料记载，“瓯居海中”“瓯人蝉蛇”，并文身“以避龙蛇”“舟楫为马”“陆事寡而水事众”等，温州古人吃、穿、住、行都离不开水。至今，温州人起床后的第一件事是到海鲜市场买海鲜，而眼前这些鲜蹦活跳的鱼虾、贝类都是商贩们昨夜赶潮弄来的。

赶潮意识深入温州人生活的各个方面：大年初一开门要守候涨潮时刻，造屋上梁要等涨潮，甚至于新家摆正床位也要等涨潮时刻。

温州的语言快捷温柔，温州的传统工艺如四雕一绣画面多彩、层次清晰，温州女人服饰的大脚裤、短上袖，温州菜肴讲究菜的原汁原味等，都和潮水有关，都有水文化特色。

住宅是生活出来的，不是营造出来的。

温州古人从以捕捞、养殖为生的渔业生活，到随陵陆而耕种的农业生活，居住的房子从船居、竹木结构的浮居，搭在水上的栅居，到山居、土木而居，始终离不开水。“理水”文化经历了一条始于依附，肇于实用，进乎自然，臻于精神的道路。

二〇二〇年九月二日

《十里红妆》创作谈

◎ 戴宏海

中国画《十里红妆》高二百八十五厘米，宽二百六十二厘米，艺术地再现了宁海及浙东地区清末民初富家大户嫁女婚俗及其丰厚嫁妆的盛大场面。

创作《十里红妆》缘于我作为特邀作者参与的二〇〇六年浙江重大题材美术创作工程，由于我对女性题材和旗袍的偏爱，在选题时首先相中了《十里红妆》,但工程艺委会决议我创作《南宋御街》。此后，我虽然忙于其他创作任务，心中却一直牵挂着《十里红妆》,并不时做些创作前的准备工作。我曾两次赴宁海十里红妆博物馆考察，为后来的创作打下了扎实的基础。按照十里红妆的传统形式，人们理所当然地觉得它应是长卷构图。若想不落窠臼，如何在布局上表现这一婚俗的盛大场面就成为关键。因此，构图和色彩，则是判断这幅画成功与否的重要因素。

经过多年的反复构思，一个新颖的构图终于酝酿成熟：采取三联的形式，画面定格于新娘上花轿前的一瞬间。着力突出新娘、新郎的核心地位，并将他们置于迎亲人群的中心，新郎叩请新娘上轿，新娘微微回礼，大方得体。新娘身后众多伴娘表情愉悦，一派大家闺秀的气质。新娘左手边最前方的女子，优雅而老练，是通晓各种喜庆规矩的送娘子。新郎身后围绕着一众伴郎，也是个个面露喜色。人群中许多行郎举着金色双喜和男女各自家族姓氏和堂名的高灯，还有迎风招展的红罗伞、红旗，更多的行郎手执棒杠等待起运嫁妆。还有让这样的排场更加醒目的是“千件不重复”的红嫁妆。因为不可能在有限的画面尽数表现，只能选择代表性的集中放置在画面左上、右上和左下这三个场地。右侧两联之间放置一大一小两台轿子，大的即新娘坐的八人大轿，小的是压轿人坐的小轿。新娘即将上轿，人生的新阶段拉开序幕，民乐队笛箫齐鸣、鼓乐喧天，将婚庆的气氛推向高潮。

“十里红妆”，顾名思义，“红”是这幅作品的主色调。“红”是汉族婚礼的第一喜庆主题，而宁绍的红妆所有嫁妆器物都是髹朱漆

戴宏海绘《十里红妆》

或泥金朱漆，可谓名副其实的红妆。在这以“红”为主色调的工笔重彩画作品中，如何红而不燥，艳而不俗，是我面临的挑战。作品采取了在饱和度、明暗度和用色上来区分画面主色调——红色的主次和层次。新娘中西合璧的袄裙礼服在整个画面中饱和度最高，袖口是明度最高的白，旁边的新郎一身黑色的长衫，这三块饱和度、明度极限色搭配在一起，加上新娘的红盖头、新郎胸前的大红花，很自然地形成全画的视觉中心。伴娘、女民乐队和各式嫁妆的饱和度相对减弱，远处的红旗或人物更弱。而众多男性较暗的肤色和褐色的装束穿插于各种饱和度的朱砂之中，使得整体色彩丰富而不单一，协调且有变化。

《十里红妆》的创作始于二〇一八年，二〇二〇年十一月底脱稿，历时近三年，终于了却了我多年的心愿。它是清末民初宁绍平原婚姻风俗的一个写照，然而随着现代生活方式的改变和外来文化的冲击，这个婚俗已逐渐消失。所幸，二〇〇八年它被列入中国国家级非物质文化遗产名录，这使得此次创作承担起了文化传承的重任。用美术作品留住浙江民间这一特有的迎亲嫁女习俗，借此向人们讲述“千工床，万工轿，十里红嫁妆”的古老故事，这也许就是这幅作品的社会价值和历史使命。

书法近作

◎ 何元龙

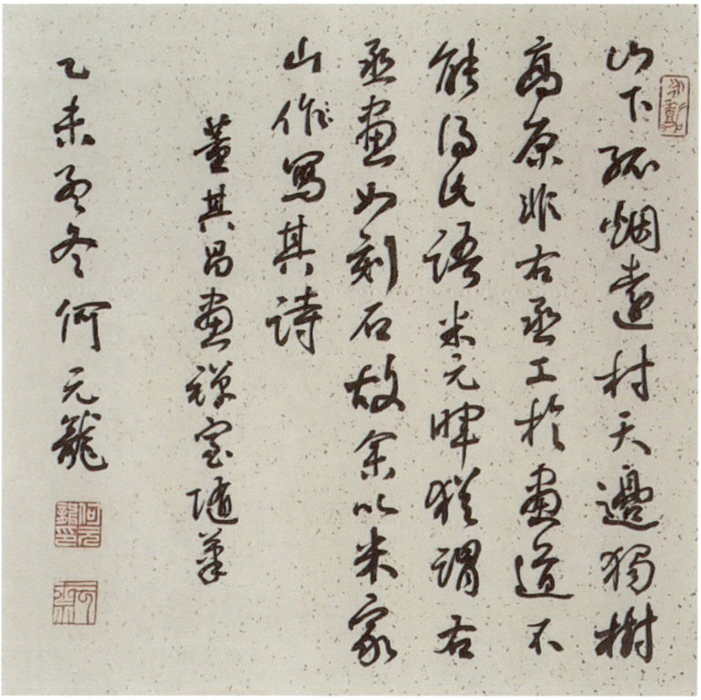

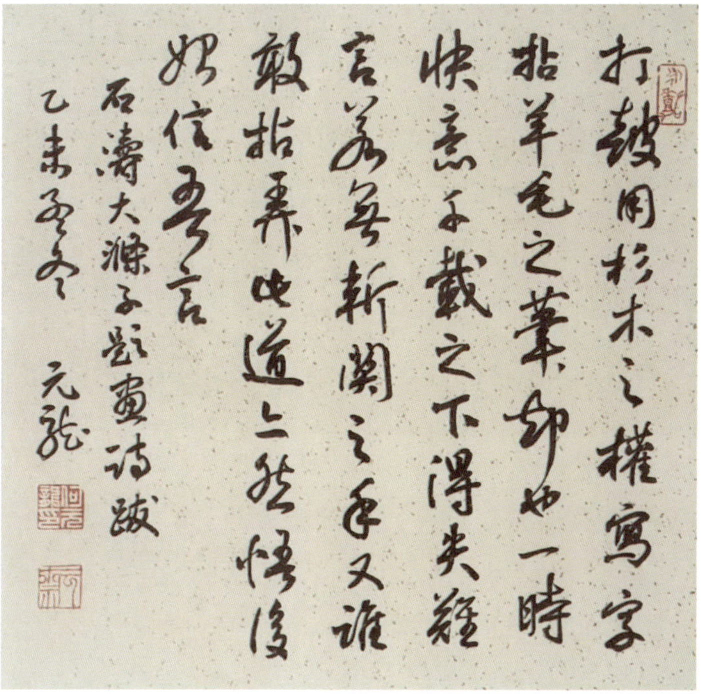

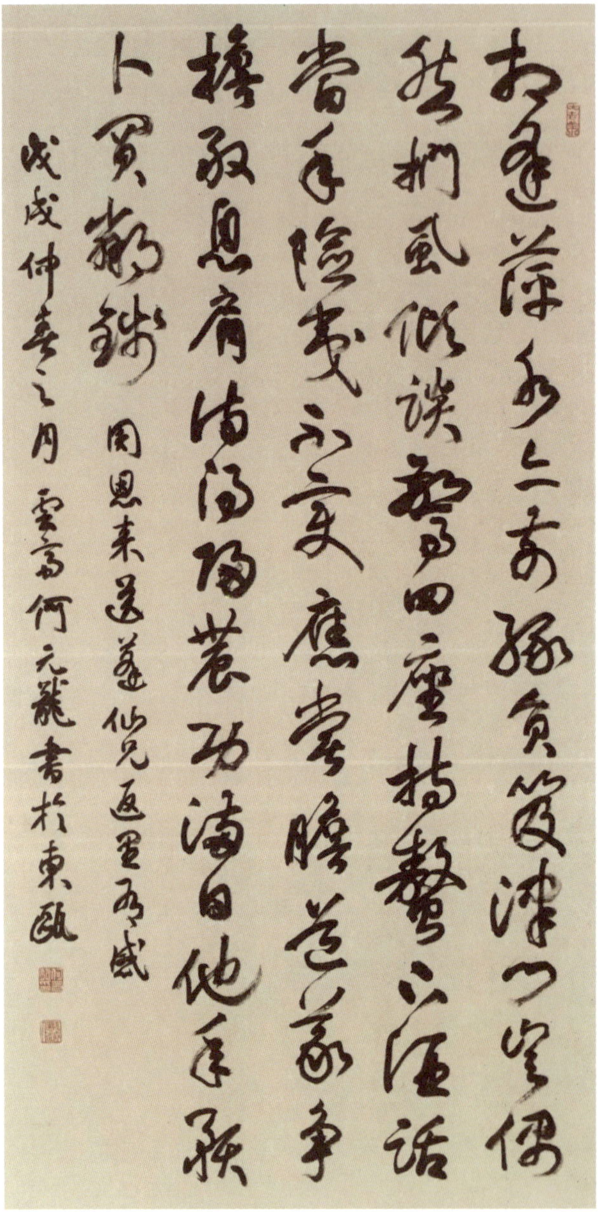
相逢萍水亦前緣負笈津門豈偶然捫蝨傾談驚四座持螯下酒話當年險夷不變應嘗膽道義爭擔敢息肩待得歸農功滿日他年預卜買鄰錢
周恩來送蓬仙兄返里有感
戊戌仲春之月 雲高何元龍書於東甌

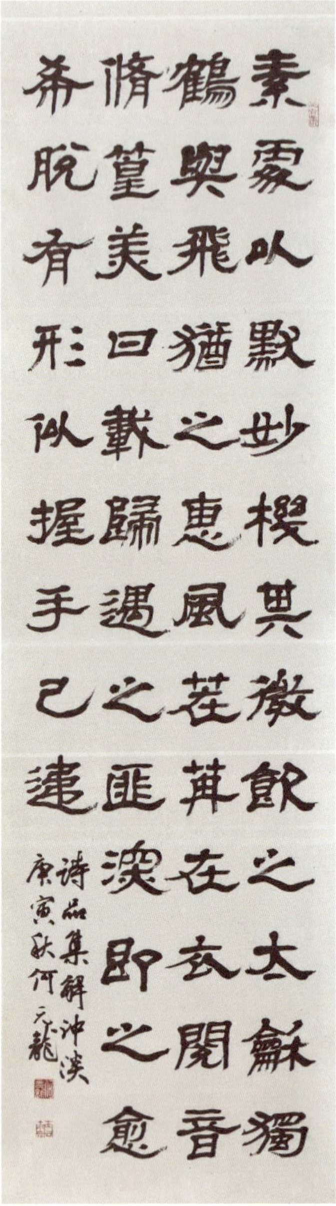
素處以默妙機其微飲之太龢獨鶴與飛猶之惠風荏苒在衣閱音脩篁美曰載歸遇之匪深即之愈希脫有形似握手已違
詩品集解沖淡
庚寅秋何元龍

图书在版编目（CIP）数据

温州市文史研究馆馆刊 . 第一集 / 温州市文史研究馆编 . -- 上海 : 文汇出版社 , 2021.4

ISBN 978-7-5496-3470-5

Ⅰ . ①温… Ⅱ . ①温… Ⅲ . ①文史资料—温州—丛刊 Ⅳ . ① K295.53-55

中国版本图书馆 CIP 数据核字 (2021) 第 049042 号

温州市文史研究馆馆刊

第一集

编　　者　温州市文史研究馆
责任编辑　苏　菲
装帧设计　何天健
排版制作　胡文胜

出 版 人　周伯军

出版发行　文匯出版社
　　　　　上海市威海路 755 号（邮政编码 200041）
经　　销　全国新华书店
印刷装订　温州今日印刷有限公司
版　　次　2021 年 4 月第 1 版
印　　次　2021 年 4 月第 1 次印刷
开　　本　787×1092　1/16
字　　数　15.5 千字
印　　张　13.25

书　　号　ISBN 978-7-5496-3470-5
定　　价　68.00 元